창의력 소년 송승환, 세상을 난타하다

북오션은 책에 관한 아이디어와 원고를 설레는 마음으로 기다리고 있습니다. 책으로 엮기를 원하는 아이디어가 있으신 분은 이메일 (bookrose@naver.com)로 간단한 개요와 취지, 연락처 등을 보내주세요. 망설이지 말고 문을 두드리세요. 길이 열릴 것입니다.

창의력 소년 송승환, 세상을 난타하다

초판 1쇄 인쇄 | 2011년 12월 23일
초판 1쇄 발행 | 2011년 12월 30일
지은이 | 송승환
펴낸이 | 박영욱
펴낸곳 | 스코프

경영총괄 | 정희숙
기획·진행 | 유나리
책임편집 | 이상모
편집 | 권기우·김지영
마케팅 | 최석진·박선영
표지 및 본문 디자인 | 서정희
디자인 | 최희선·박진희
일러스트 | 양민숙

주 소 | 서울시 마포구 서교동 468-2번지
이메일 | bookrose@naver.com
트위터 | @Book_ocean
페이스북 | bookocean
카 페 | http://cafe.naver.com/bookrose
전 화 | 영업문의 : 02-322-6709   편집문의 : 02-325-5352
팩 스 | 02-3143-3964

출판신고번호 | 제313-2007-000197호
ISBN 978-89-93662-57-3 73810

* 「이 도서의 국립중앙도서관 출판시도서목록(CIP)은 e-CIP홈페이지(http://www.nl.go.kr/ecip)와 국가자료공동목록시스템(http://www.nl.go.kr/kolisnet)에서 이용하실 수 있습니다.
  (CIP제어번호: CIP2011005148)

* 이 책은 북오션이 저작권자와의 계약에 따라 발행한 것이므로 이 책의 내용의 일부 또는 전부를 이용하려면 반드시 북오션의 서면 동의를 받아야 합니다.
* 책값은 뒤표지에 있습니다.
* 잘못 만들어진 책은 구입하신 서점에서 교환해 드립니다.

스코프 누구누구 시리즈 ⑨

창의력 소년 송승환,
세상을 난타하다

송승환 지음
양민숙 그림

Scope

즐거움을 창조하는 문화 CEO

어린이 친구들 안녕? 나는 대한민국을 대표하는 문화 CEO 송승환이라고 해. '문화 CEO'라는 말을 처음 들어서 어리둥절한 친구들도 있을 거야. 문화 CEO는 문화를 하나의 거대한 산업으로 성장시키는 사람을 뜻해.

'문화가 곧 경쟁력이다'라는 말처럼 요즘은 문화를 매우 가치 있는 것으로 여기지. 그렇다면 문화가 도대체 무엇일까 궁금하지 않니? 문화는 각각의 지역과 시대에 따라서 나타나는 사람들의 생활 모습이야. 위풍당당하게 자리하고 있는 경복궁부터 우리가 일상적으로 먹는 김치까지 모두 문화라고 부를 수 있지.

사실 나는 유명한 아역 배우 출신이야. 국민 남동생의 원조는 바로 나라고 할 수 있지. 하지만 나는 최고의 스타로 이름을 날릴

때 과감히 인기를 포기하고 뉴욕의 브로드웨이로 유학을 떠났어. 내가 유학을 떠난 이유는 어떻게 하면 좀 더 멋진 공연을 할 수 있는지 배우기 위해서였어. 나는 연기만 하기보다는 내 스스로 공연을 만들어서 사람들에게 더 큰 감동을 주고 싶었지.

　뉴욕에서 공부를 하고 돌아온 나는 자신감이 넘쳤어. 하지만 내가 아무리 좋은 작품을 만들어도 공연을 보러오는 사람이 너무 적었어. 그렇지만 나는 좌절하지 않았어. 꿈을 포기하는 대신 더욱 커다란 꿈을 꾸었지. 그 꿈은 바로 세계적인 공연을 만들겠다는 것이었어.

　당시 한국의 공연은 세계적인 수준에 미치지 못하고 있었어. 우리나라의 공연을 무시하는 외국인들도 꽤 많았지. 그래서 〈난타〉라는 공연을 만들었어. 〈난타〉는 말을 하지 않고 소리와 춤으로 이루어진 공연이라 누구나 쉽게 이해할 수 있었어. 또 〈난타〉의 한국적인 리듬과 사물놀이는 세계인의 마음을 사로잡을 만큼 매력적이었어. 결국 〈난타〉는 세계적인 연극제, 에딘버러 페스티벌에서 1999년 최고 화제작으로 뽑혔어. 그리고 〈난타〉는 공연 예술을 하는 사람들 사이에서 꿈의 무대로 불리는 브로드웨이에

당당히 서게 되었지. 지금은 365일 〈난타〉만 공연되는 전용 극장을 만들어서 한국을 방문하는 세계 관광객들의 눈길을 사로잡고 있어.

문화 산업 중에 공연 예술은 최근 인기가 높아지고 있어. 왜냐하면 공연은 이야기, 노래, 춤 등을 모두 포함하는 화려한 종합 예술이기 때문이지. 우리나라의 주요 수출 품목인 자동차나 휴대 전화를 판매해서 얻는 수익보다 〈캣츠〉나 〈오페라의 유령〉 같은 공연이 벌어들인 수익이 더 많다는 사실이 정말 놀랍지 않니?

나는 우리나라의 공연 문화가 발전하기 위해서는 무엇보다 어린이들이 재미있는 공연을 많이 보고 이해해야 한다고 생각해. 어렸을 때 좋은 공연을 보고 느낀 감동은 훌륭한 공연을 만드는 데 큰 밑거름이 되기 때문이야. 평소 공연에 관심이 있는 어린이라면 많은 공연을 보고 그 공연에서 무엇이 좋고 무엇이 나빴는지를 생각해보는 게 좋은 공부가 될 거야.

나는 미래의 문화 CEO를 꿈꾸는 어린이들에게 창의적인 사람이 되어야 한다고 강조하고 있어. 창의성을 키우기 위한 가장 좋은 방법은 신나게 노는 거야. 물론 여기서 말하는 놀이는 특별한 의미 없이 TV나 보고 게임이나 하는 것을 뜻하지는 않아. 내가 말하는 놀이란 하고 싶은 일을 찾아서 신나게 공부하는 것을 뜻해. 신나게 공부하는 것보다 재미있는 놀이는 없고 그 자유로움 속에서 진정한 창의성이 길러지기 마련이거든. 그리고 그렇게 놀아 본 친구라면 '재능을 가진 사람은 노력하는 사람을 이길 수 없고, 노력하는 사람은 즐기는 사람을 이길 수 없다' 라는 말의 뜻을 이해하게 될 거야.

이 세상에서 가장 신나는 직업 중 하나가 문화 CEO라는 것은 맞는 말인 것 같아. 우리나라의 멋진 문화를 발견하고 발전시켜전 세계인의 마음을 훔치러 다니는 일은 정말 흥미진진하거든. 나는 앞으로 제2의, 제3의 〈난타〉를 만들어서 더욱 많은 세계인의 감동을 이끌어 내고 싶어.

이 글을 읽는 어린이 친구들 중에도 언젠가 세계인의 즐거움을 창조해 나아가는 문화 CEO가 나오길 진정으로 빌게!

머리말 4

1장_ 말 잘하는 어린이, 송승환

상상력 대장은 책벌레 13

말을 잘해서 상을 받았어요 19

다른 사람을 즐겁게 해주는 사람 25

연기자는 멋진 직업이야 30

연기도, 공부도 열심히 36

방송을 그만둘 거야 41

2장_ 도전하는 젊은 연기자, 송승환

다시 연기를 시작했어요 51

뉴욕으로 훌쩍 떠나다 56

창의성을 깨닫다 62

브로드웨이를 경험하다 68

멋진 공연을 만들자 75

새로운 출발, 공연 전문 회사를 만들자 81

3장_ 난타를 만든 공연 기획자, 송승환

부엌에서 찾은 맛있는 소리   89

프라이팬으로 사물놀이를 하자   95

신나게 두드리니까, 난타!   102

괴짜 배우를 찾습니다   109

우리는 귀신이 아니에요   113

공연장 문이 부서지면 대성공이래   118

4장_ 미래를 준비하는 문화 CEO, 송승환

한국에도 공연이 있나요?   127

세계로 나갈 준비는 착착!   133

짝짝짝, 에딘버러의 기립박수   139

꿈에 그리던 브로드웨이로   146

꿈은 멈추지 않는다   152

맺음말   157

1장

말 잘하는 어린이, 송승환

저는 아이돌 가수가 되고 싶어요. 그래서 지금부터 가수가 되는 준비를 할 거예요.

아이돌 가수가 되겠다는 것도 아주 좋은 꿈이야. 그런데 지윤이는 아직 경험할 것이 많은 나이야. 가수 준비를 하는 것도 중요하지만 지금밖에 할 수 없는 경험을 많이 해보는 게 나중에 가수가 되는 데 더 필요할지도 몰라.
아저씨는 어렸을 때부터 배우가 되었으니 그런 마음을 잘 알지.
그러면 내 이야기를 한번 들어볼래?

상상력 대장은 책벌레

"아얏! 이 못된 바람!"

작은 아이가 세찬 바람에 날아갈 뻔한 모자를 꾹 움켜쥔 채 아무도 없는 거리에서 소리를 지르고 있었습니다. 아이는 고함을 치는 것으로는 분이 풀리지 않는 듯 또다시 거리를 향해 작은 주먹을 휘둘렀습니다.

얼마 전 같으면 아이는 그저 바람을 피해 재빨리 집으로 달려왔을 것입니다. 하지만 아이는 어젯밤 「햇님과 바람」 이야기를 읽었기 때문에 바람에게 몹시 화가 났습니다.

아이는 바람을 일으켜 나그네의 외투를 벗기려고 한 북풍이 이번에는 자신의 모자를 빼앗으려 한다고 생각했기 때문에 북풍의 코를 단단히 혼내 주려고 했던 것이죠.
    바람에 맞서 주먹을 휘두르던 당돌한 아이가 책벌레로 불리던 바로 나, 송승환입니다. 이렇게 나는 이야기의 세계에 푹 빠져 몇 날 며칠을 헤어나지 못할 만큼 책을 좋아했습니다.

책에는 마법사가 들어 있는 것 같았습니다. 신기하게도 내가 책을 읽기 시작하면 죽은 듯 가만히 있던 글자와 그림들이 살아 움직이는 것입니다. 그래서 어느 날에는 우리 집이 바다 깊은 곳에 있는 용궁이 되기도 하고 또 어떤 때는 예쁜 공주가 괴물에게 붙잡혀 있는 성이 되기도 했습니다.

부모님은 내가 초등학교에 입학하자마자 세계문학전집을 선물해 주셨습니다. 내가 태어나고 자라던 50~60년대에는 누군가 쓰던 교과서를 몇 년째 물려받는 것이 당연할 만큼 책은 비싸고 귀한 존재였어요. 그렇기 때문에 빳빳한 새 종이에 글자가 빼곡히 차 있고 희한한 삽화가 그려진 빨간색 세계문학전집 양장본은 나의 보물 1호가 되었습니다.

나는 얼마 지나지 않아 20권에 달하는 전집을 모조리 읽었습니다. 이야기 중에서 특히 「돈키호테」를 좋아했습니다. 세상을 구하겠다는 자신의 꿈을 비웃는 사람들을 아랑곳하지 않는 돈키호테의 두둑한 배짱이 마음에 들었습니다.

엉뚱함으로 치면 돈키호테에 뒤지지 않았던 나는 늘 그 책을 가지고 다니며 틈이 날 때마다 읽고 또 읽었습니다. 그러다 보니 누가 시킨 것도 아닌데 저절로 그 두꺼운 책을 토시 하나 틀리지 않고 외울 수 있게 되었습니다.

"얘들아, 나는 이 책을 처음부터 끝까지 외운다!"

"에이, 거짓말하지 마!"

나는 이런 능력을 아이들에게 자랑했고 처음에는 내 말을 의

심하던 아이들도 내가 책을 보지 않고 내용을 술술 말하자 모두 입을 다물지 못했습니다.

"선생님, 승환이는 책 한 권을 모두 외울 수 있대요!"

이런 재주는 결국 선생님의 귀에까지 들어갔고, 나는 그날부터 책을 외우는 신동으로 한동안 명성이 자자했습니다. 하지만 간단하고 짧은 수학 공식을 외우는 일에는 소질이 없는지 이상하게 매번 틀렸고 그럴 때마다 선생님은 가벼운 꿀밤을 때리시며 놀리듯 말씀하셨습니다.

"책벌레는 왜 수학책 외우기에는 흥미가 없는 거야."

어린 시절 책 읽기는 내 꿈의 양분이 되어 준 것 같습니다. 가끔 너무 힘들어서 도전하던 일을 포기하고 싶을 때면 그 당시 흥미진진하게 읽었던 책 속의 주인공, 돈키호테나 「오즈의 마법사」에 나오는 주인공 도로시의 끊임없는 용기를 떠올리며 나는 다시금 힘차게 꿈을 향해 도전했습니다.

 아저씨는 왜 그렇게 책을 많이 봤어요?

 아저씨가 어릴 때는 책밖에 볼 게 없었으니까. 그런데 더 중요한 것은 책을 읽고 나니 머리가 마구 돌아가기 시작했다는 거야. 요즘 아이돌은 텔레비전에 나와서 말도 잘 해야 하니까, 여러 책을 봐서 지식을 쌓아두는 것이 좋을 거야.

 아저씨 말을 들어 보니 책을 많이 읽어야 할 것 같아요.

말을 잘해서 상을 받았어요

'아 다르고 어 다르다' 라는 속담이 있습니다. 같은 말이라도 어떻게 하느냐에 따라 큰 차이가 있다는 뜻입니다. 말을 잘하기로 소문난 대부분의 사람들은 물론이요, 나 역시 이 차이를 잘 알고 있습니다.

예를 들어, 같은 내용을 이야기하더라도 한 명의 친구에게 이야기할 때는 친근한 단어를 사용하고 전교생 앞에서 이야기할 때는 모두가 이해할 만한 단어를 선택하는 것입니다. 나는 학교에 들어가기 전에 수녀님이 운영하시는 유치원에 다녔는데, 그때 이와 같은 이야기 습관이 길러졌습니다.

보통 수녀님을 떠올리면 엄숙한 표정에 말씀이 없는 분이라고 생각합니다. 하지만 내 기억 속에 남아 있는 수녀님은 참으로 따뜻하고 웃음이 많은 분이셨습니다. 내가 다니던 유치원에 이야기 시간이라는 것이 있었습니다. 친구들 앞에 나와 자신이 좋아하는 이야기를 말하는 수업이었답니다.

수녀님은 이야기를 한 친구들에게 소위 눈깔사탕으로 불리던 커다란 알사탕을 상으로 주셨습니다. 나는 알록달록 윤이 반질거리는 그 사탕이 몹시 갖고 싶었습니다. 그래서 어느 날 이야기를 하겠다고 손을 번쩍 들었고 이야기를 끝낸 후, 꿈에 그리던 그 사탕을 손에 쥘 수 있었습니다.

겨우 눈깔사탕을 받으려고 앞에 나가서 이야기를 했단 말이에요? 창피하게…….

그때는 달콤한 군것질거리가 사탕밖에 없었단다. 사탕은 매우 귀중한 것이었어.

나는 이야기를 한 대가로 받은 사탕을 딱딱한 필통으로 내리쳐 잘게 조각냈습니다. 큰 덩어리는 호주머니에 넣고 작은 부스러기들은 야금야금 녹여 먹었습니다. 옆에 앉아 있던 친구가 부러운 눈길로 쳐다보았지만 나는 모르는 체하며 고개를 돌렸습니다.

그날 집으로 돌아와 신나게 놀고 있던 나를 어머니께서 부르셨습니다.

"승환아. 이게 웬 사탕이냐?"

어머니는 벗어 던져 놓은 내 바지 주머니에 끈끈하게 녹아 있던 사탕에 대해 물으셨습니다. 아뿔싸, 나는 그때까지 주머니에 사탕을 넣어 두었던 사실을 까맣게 잊고 있었던 것입니다.

아깝게 녹아버린 사탕을 다시 받기 위해 다음날 나는 또 손을 들었습니다. 다행히 아무도 이야기하겠다는 친구가 없어서 내게 다시 기회가 주어졌습니다.

나는 우리 동네 욕쟁이 할머니에 대해 이야기를 했습니다. 이야기를 하던 중 욕쟁이 할머니의 말투를 흉내 내자 모든 친구들이 웃음을 터뜨렸습니다. 수녀님 역시 웃음을 참느라 얼굴이 빨

갖게 변하셨습니다.

  나는 그날 받은 사탕 역시 잘게 부수었습니다. 하지만 이번에는 호주머니 속에 사탕을 넣지 않고 친구들에게 나누어 주었습니다. 사탕을 받은 일보다 내 이야기로 친구들을 즐겁게 해주었다는 사실에 더 큰 기쁨과 만족을 느꼈기 때문인지 사탕이 아깝지 않았습니다.

  그날 이후 이야기 시간의 주인공은 언제나 내 차지였습니다. 그리고 나는 그런 경험들을 통해 어떻게 말을 해야 친구들이 재미있어 하는지 자연스럽게 깨달았습니다.

  내가 깜짝 놀라며 말하는 대목에서는 모두의 눈이 휘둥그레졌고 슬프게 말할 때는 하나같이 울 것 같은 표정을 지었습니다. 말이란 단순히 내용만 전달하는 도구가 아니라 마음을 나누는 통로였던 것이죠.

  유치원을 졸업하고 학교에 들어가면서 내 말하기 실력은 점점 빛을 발했습니다. 수업 시간에 책 읽기와 발표는 모두 내가 맡았으며 선생님의 부탁으로 옆 반에 말하기 시범을 보이러 간 적도 있었습니다. 그리고 어느새 나는 학교에서 '말 잘하는 아이'로

통했습니다.

"전국 어린이 이야기 대회에 나갈 우리 학교 대표로 승환이 네가 뽑혔단다."

선생님의 말씀에 나는 처음으로 가슴이 벅차오르는 것을 느꼈습니다. 학교를 마치자마자 어머니께 이 소식을 알려 드리기 위해 쏜살같이 집으로 달려 갔습니다. 내 말을 들은 어머니 역시 무척 기뻐하시며 대회에 나갈 준비를 정성껏 도와주셨습니다.

대회 전날까지만 해도 사시나무처럼 떨리던 마음이 단상에 오르자 눈 녹듯 사라졌습니다. 나는 어떻게 말을 해야 하는가를 누구보다 잘 알고 있었기 때문입니다.

그날 나는 어머니의 은혜를 주제로 이야기했습니다. 이야기가 끝나자 우리 어머니를 비롯한 다른 친구들의 어머니까지 감동의 눈물을 보이셨습니다. 그리고 결국 나는 전국 어린이 이야기 대회에서 1등을 수상하였습니다.

 전국 어린이 이야기 대회라는 것도 있었어요?

 지금으로 따지면 〈위대한 탄생〉이나 〈슈퍼스타 K〉 같은 오디션 프로그램이 아니었을까?

어쨌든 생각을 정리해서 조리 있게 말하는 능력은 연예인이 아니더라도 많은 도움이 돼. 아마 이것도 책을 많이 읽은 덕이라고 생각해.

다른 사람을 즐겁게 해주는 사람

'와장창~ 창!'

신나게 공놀이를 하던 중 우리가 던진 공이 어느 집 유리창으로 향했습니다. 창이 깨지면서 유리가 와르르 쏟아져 내리자 새파랗게 놀란 친구와 나는 주춤거리다가 도망갈 기회마저 놓쳐 버렸습니다.

"어느 녀석이 골목에서 공놀이를 한 거야!"

"아주머니 정말 죄송해요."

씩씩거리며 대문 밖으로 나온 아주머니 한 분이 우리를 향해 호통을 쳤습니다. 친구와 나는 주눅이 들어 조용히 서 있었습니다. 하지만 그렇게 가만히 있으면 아주머니의 화가 가라앉지 않을 것 같아 나는 얼른 죄송하다고 사과를 드렸습니다. 그런데 뜻밖에도 아주머니는 반가운 목소리로 나에게 말을 했습니다.

"아니! 너 차돌이 아니니?"

아주머니는 내가 진행하고 있던 라디오 프로그램인 〈은방울과 차돌이〉의 애청자였기 때문에 목소리만으로 금세 나를 알아본 것입니다.

전국 어린이 이야기 대회에서 1등을 한 나는 그 대회의 심사를 본 방송 관계자의 권유로 라디오 진행을 맡게 되었습니다. 그 당시 라디오는 지금의 텔레비전처럼 인기가 높았습니다.

특히 〈은방울과 차돌이〉라는 프로그램은 은방울이었던 최은희 누나와 차돌이었던 내가 어린이들을 위해 동요도 틀어 주고 동화책도 읽어 주던 라디오 생방송으로, 모르는 사람이 없을 정도로 유명했습니다. 진행을 하던 은희 누나와 나의 인기도 대단했는데, 요즘 말로 은방울은 국민 여동생이었고 차돌이는 국민 남동생이었죠.

내가 차돌이인 것을 확인한 아주머니는 한결 상냥해진 태도로 우리를 집으로 데리고 가서 맛있는 과자를 내어주셨습니다. 잘못을 했는데도 오히려 실컷 대접을 받은 나는 얼떨떨한 마음으로 집으로 돌아왔습니다.

그때 나는 처음으로 연예인이라는 이유로 혜택을 받아 봤습니다. 당시에는 꾸중을 듣지 않은 것만으로 기뻤지만 점점 이런 경우가 늘어나면서 진지하게 고민하지 않을 수 없었습니다.

 남들이 알아봐 주는데 왜 고민을 해요? 저는 그래서 아이돌이 되고 싶은걸요.

 내 이야기를 조금 더 들어보면 알 수 있을 거야.

나는 때때로 '사람들이 도대체 내가 무슨 일을 했다고 좋아하는 걸까?' 하는 조금은 건방진 생각을 하기도 했습니다. 그리고 점점 높아지는 사람들의 관심이 부담스럽기까지 했습니다. 하지만 이런 나의 생각을 바꾸어주는 계기가 있었습니다.

"오늘의 사연을 소개해 드리겠습니다!"

명랑하게 사연을 읽던 나는 뒤로 갈수록 목소리가 떨리기 시작했습니다. 그 사연은 내 또래의 친구에게서 온 것으로, 아픈 동생이 차돌이가 진행하는 라디오 프로그램을 들으며 웃을 수 있어서 고맙다는 내용이었습니다.

나는 점점 눈시울이 뜨거워졌습니다. 내가 하는 방송을 듣고 즐거운 힘을 얻으며 살아가는 사람들이 있다는 사실을 진정으로 깨달았기 때문이었죠. 그날 이후로 나는 한층 성장했습니다. 비록 나이는 어렸지만 다른 사람을 위해 일한다는 생각을 갖게 된 것입니다.

내가 하는 일에 자부심이 생기자 라디오를 진행하는 것이 더욱 즐겁게 느껴졌습니다. 이러한 태도 덕분인지 프로그램의 인기는 날로 치솟았습니다. 그리고 평소에 이런 나를 눈여겨 본 감독님께서 텔레비전 드라마 〈똘똘이의 모험〉과 〈얄개전〉에 출연을 제의해 주셨습니다.

목소리만으로 사람들을 즐겁게 해주던 내가 본격적으로 대중 앞에 모습을 드러내게 된 것이죠.

 아, 이제 조금 알 것 같아요. 남들이 나를 좋아해주는 것만큼 나도 책임감을 가져야 한다는 말이죠?

 그래, 지윤이는 이해가 빠르니 좋은 아이돌이 될 거야. 연예인이 그저 웃고 떠드는 것처럼 보여도 지켜보는 수많은 눈이 있기 때문에 모범을 보여야 할 의무도 있는 거야.
자기 일과 행동에 책임질 수 있는 '인성'을 키워야 한다는 말이지.

연기자는 멋진 직업이야

　차돌이로 전 국민의 스타가 된 나는 드디어 텔레비전 드라마에 출연하게 되었습니다. 라디오에서도 잠깐씩 연기를 해보았지만 아무래도 텔레비전에서의 연기는 표정이나 몸짓이 고스란히 드러나기 때문에 신경을 써야 할 부분이 많았습니다.
　"NG! 승환이 정말 똑바로 안할 거야!"
　감독님의 고함소리에 벌써 몇 번째나 NG를 내고 있던 나는 고개를 푹 숙였습니다. 연습할 때는 잘하다가도 카메라만 다가오면 몸이 굳어지는 소위 카메라 울렁증이 생겼고, 그러다 보니 몹시 어색한 연기를 한 것입니다.

 NG가 뭐예요?

 아, 방송에서 쓰는 말을 아직 잘 모르는구나. 지금부터 어려운 말이 나오면 설명을 해주도록 할게. 자주 쓰는 방송 용어 약자는 다음과 같아.

NG: No Good, 좋지 않다는 뜻으로 잘못 되었을 때를 말한다.

CU: Close-Up, 클로즈업이라고 하며 카메라로 한 부분만 확대할 때 쓴다.

MC: Master of Ceremony, 프로그램을 진행하는 사회자를 말한다.

PD: Producer, 방송을 총괄하는 사람으로 감독이라고 부른다.

AD: Assistant Director, 조연출로 감독을 도와주는 역할을 한다.

BG: Background Music, 뒤에 깔리는 음악을 말한다.

잘한다는 칭찬에만 익숙했던 나는 자꾸만 꾸지람을 듣자 점점 연기에 자신이 없어졌습니다. 감독님도 그런 내 마음을 눈치채셨는지 촬영장 한구석에 기가 죽어 앉아 있는 나를 부르셨습니다.

"연기가 하기 싫으니?"

나는 감독님의 물음에 가만히 고개를 저었습니다. 그리고 용기를 내어 평소 생각을 감독님께 말씀드렸죠.

"저는 연기하는 게 너무 재밌어요. 하지만 카메라는 제가 연기를 얼마나 잘하는지 감시하는 눈초리 같아요. 그래서 카메라만 다가오면 꼼짝을 못할 정도로 긴장이 돼요."

내 말에 귀를 기울이던 감독님은 빙그레 미소를 지으며 말씀하셨습니다.

"승환아, 카메라가 너의 연기를 지켜봐 주는 친구라고 생각해 보면 어떻겠니?"

'카메라가 친구라고……?'

나는 집으로 돌아와서 감독님의 말씀을 곰곰이 되새겨 보았습니다. 그리고 내 이야기에 웃음을 터뜨리는 친구들의 눈망울을 하나하나 떠올렸습니다.

다음날 나는 단 한 번의 NG도 내지 않고 자연스럽게 연기를 했습니다. 감독님의 말씀대로 카메라를 친한 친구라고 생각하니까 전혀 부담이 되지 않았던 것이죠. 훗날 많은 관객 앞에서 연기를 할 때도 거의 긴장을 하지 않았는데, 어렸을 때의 이러한 경험과 마음가짐이 도움이 된 것 같습니다.

나는 연기를 하면 할수록 더욱 잘하고 싶다는 마음이 들었습니다. 그래서 나는 여러 가지 노력을 했는데, 그중에 하나는 매일매일 볼펜을 물고 한 시간씩 동생에게 소리 내어 책을 읽어주는 것이었어요.

처음에는 볼펜을 물고 정확한 발음을 하기가 몹시 어려워서 제대로 책을 읽지 못했습니다. 하지만 점차 볼펜을 물고도 또박또박하게 말을 할 수 있게 되었고, 연기자 선배님들은 나의 정확한 발음을 칭찬해 주셨습니다.

누군가 나에게 이 세상에서 가장 멋진 직업이 무엇이냐고 묻는다면 나는 주저 없이 연기자라고 말할 것입니다. 연기자가 좋은 직업인 이유가 유명해지고 돈을 많이 벌기 때문만은 아닙니다. 유명하지도 않고 가난한 연기자도 아주 많이 있습니다.

유명한 연기자가 되려면 연기를 잘하기 위해 굉장한 노력을 해야 합니다. 그리고 많은 사람들이 언제 어디서나 관심을 갖고 지켜보기 때문에 일반 사람들에 비해 자유로운 생활을 하기 힘듭니다. 또, 회사원처럼 월급을 받는 게 아니라 일이 있을 때만 돈을 벌기 때문에 몇 달 혹은 몇 년 동안 어려움을 겪을 때도 있습니다.

연기자라는 직업이 매력적인 이유는 여러 가지 인생을 경험해 볼 수 있기 때문입니다. 한 사람이 여러 가지 인생을 산다는 것은 거의 불가능합니다. 하지만 연기자는 마음만 먹으면 어떤 사람이

건 될 수가 있어요. 거지를 연기하던 사람이 다음날에는 멋진 왕자가 될 수도 있습니다. 그리고 이렇게 진지한 연기를 하면서 깨달음을 얻을 수도 있습니다.

 지금 보니까 연예인도 꽤 힘든 직업이네요.

 그럼. 이 세상에 쉬운 일은 없어. 겉으로는 화려해 보여도 힘든 일이 많이 있단다.
그래서 정말 좋아해야만 할 수 있는 일이지. 연예인뿐 아니라 모든 일이 그래. 수학 공부를 좋아하는 사람은 수학이 재미있어서 힘든 문제도 열심히 풀지만, 싫어하는 사람은 조금만 어려운 문제가 나오면 금방 포기하고 말잖아. 즉, 좋아하는 일은 잘하는 일이 되는 거야.

 나도 노래하기를 좋아하니까 가능성이 있는 거네요. 용기가 생기는데요?

연기도, 공부도 열심히

"그 내용은 저번 수업 시간에 이미 배웠어!"

선생님 몰래 속삭이는 목소리를 들은 나는 슬그머니 내 옆에 앉은 친구를 바라보았습니다. 친구는 내가 펼쳐놓은 교과서의 단원보다 훨씬 뒤편에 있는 내용을 손짓으로 가리켰습니다. 나는 수업 진도가 내 예상보다 훨씬 더 많이 진행되어 있었기 때문에 당황했습니다.

요즘 나는 새롭게 시작한 드라마 촬영 때문에 수업에 늦거나 빠지는 일이 부쩍 많았거든요. 오늘도 역시 오전부터 촬영이 있었지만 감독님께 내일이 중간고사라는 것을 사정하고서야 겨우 수업에 참석할 수 있었습니다.

"성적이 많이 떨어졌구나."

중간고사 성적표를 받는 순간 담임선생님의 얼굴을 제대로 보지 못할 만큼 고개가 숙여졌습니다. 매번 1등을 놓치지 않던 내가 이번 중간고사에서는 난생 처음으로 10등 밖으로 밀려났기 때문이죠.

나는 연기자이기 전에 학생이므로 방송 생활을 하더라도 공부를 소홀히 하지 않겠다고 스스로에게 몇 번이나 다짐했습니다.

또한 공부를 잘하면 내가 좋아하는 연기에도 큰 도움이 된다는 것을 알았습니다. 연기자는 때때로 대통령 역할도 하고 의사 역할도 해야 하므로 여러 가지 상황을 이해해야 했는데, 공부는 다양한 연기를 할 수 있게 해주는 밑바탕이 되었습니다.

돌아오는 기말고사에서 잃어버린 1등을 꼭 되찾겠다고 다짐한 나는 대본과 함께 교과서를 늘 지니고 다녔습니다. 그리고 때와 장소를 가리지 않고 틈만 나면 교과서를 읽었습니다.

"밑변의 길이 곱하기 높이 나누기 이."

"?"

상대 배우가 영문을 모르겠다는 표정으로 나를 바라보자 촬영장 주변은 웃음바다가 되었어요.

사실 나는 이날도 분장실에서 어려운 도형 공식을 집중해서 외우고 있다가 촬영에 급히 들어갔습니다. 그러다 보니 내 입에서 대사 대신 공식이 튀어나왔던 것입니다. 이후에 이러한 사실을 알게 된 감독님께서는 나의 노력이 대견하면서도 안쓰러워 보였는지 가급적이면 학교 공부에 지장이 가지 않도록 촬영 시간을 조절해 주셨습니다.

기다리고 기다리던 기말고사가 일주일 앞으로 다가왔습니다. 그동안 가끔 수업에 늦기는 했지만 아무리 바빠도 전처럼 수업을 빼먹지는 않았습니다. 그래서인지 새 것처럼 깨끗하던 내 교과서는 어느새 누더기처럼 지저분하게 변해 버렸습니다.

"어머! 아직 배우지도 않은 곳에 왜 필기가 되어 있니?"

친구가 나에게 이상하다는 듯이 물었습니다. 초등학교 선생님이셨던 어머니의 도움으로 틈틈이 예습을 해두었던 것이죠. 그리고 이러한 노력으로 수업을 놓쳐도 진도를 금방 따라갈 수 있었습니다.

선생님은 아이들의 이름을 부르며 차례대로 기말고사 성적표를 나누어 주셨습니다. 드디어 내 차례가 되자 선생님은 웃음 띤 얼굴로 고개를 끄덕이며 성적표를 주셨습니다.

나는 이번 기말고사에서 2등을 했습니다. 하지만 1등을 했을 때보다 더 기쁜 마음이 들었습니다. 살다 보면 정상의 자리에서 미끄러질 때도 있지만 진정으로 노력한다면 다시 그 자리에 올라설 수 있다는 것을 배웠죠.

나는 교과서가 누더기로 변하도록 공부한다면 앞으로 얼마든 기말고사 1등 그리고 더 나아가 전국 1등도 할 수 있을 것만 같았습니다. 부모님께서도 이런 마음을 아셨는지 이번 기말고사 성적표를 받아 보시고 다른 그 어느 때보다 크게 기뻐해 주셨습니다.

 와~ 대단하세요. 저는 아무리 해도 그렇게 공부를 잘하지는 못할 것 같은데요. 어쩌죠?

 공부는 잘할 수도 있고 못할 수도 있어. 지윤이는 공부보다 노래에 재능이 있어서 그럴 수도 있으니까. 그런데 공

부를 하나도 안 하고 못하겠다고 하는 것은 아니겠지?

 헤헤. 사실 거의 안 했어요. 해봤자 잘 못할 것 같아서요.

 공부를 못하는 것은 괜찮지만 해보지도 않고 포기하는 것은 안 돼. 아직 지윤이의 재능이 어떤 것인지도 잘 모르잖아. 가능성은 앞으로 무궁무진하니까, 공부 쪽도 한번 노력해 보는 거야.

방송을
그만둘 거야

　나는 방송 활동을 하면서도 공부를 게을리 하지 않았기 때문에 당시 명문 고등학교라고 불리던 휘문고등학교에 진학할 수 있었습니다. 하지만 초등학교나 중학교 때처럼 촬영 중간 중간에 요령껏 공부를 하는 정도로는 고등학교 수업을 따라가기가 어려웠습니다.

　"연예인은 머리 나쁜 애들이나 하는 거야."

　촬영 때문에 자꾸 수업을 빠져서 진도를 따라가지 못한 나는 선생님의 질문에 대답을 하지 못한 채 꿀 먹은 벙어리처럼 서 있었습니다. 선생님은 그런 나를 보며 한심하다는 듯 말을 했고 여기저기에서 키득거리는 소리가 들렸어요.

당시 담임선생님은 대중문화에 대한 편견이 무척 심한 분이셨는데, 대중문화는 머리 나쁜 연예인들이 만들어 내는 질이 낮은 문화라고 생각하셨어요. 그래서 담임 선생님은 평소에 학생들이 텔레비전을 보는 것조차 무척 안 좋게 생각하셨죠.

그날 이후 자존심이 몹시 상한 나는 연예인은 머리가 나쁘다는 말을 다시는 듣지 않으려고 더욱 열심히 공부를 했습니다. 늦게 촬영이 끝나는 날이 많았기 때문에 밀린 공부를 하느라 밤을 새우기 일쑤였어요.

하지만 한꺼번에 두 마리 토끼를 모두 잡는다는 것은 무리였습니다. 공부에 대한 부담감 때문에 연기에 집중할 수 없는 것은 물론이고 성적조차 내가 원하는 만큼 오르지 않았습니다.

"방송 활동을 그만 두겠습니다."

"승환아. 네 재능이 정말 아깝구나. 한 번 더 생각해 볼 수 없겠니?"

평소 친하게 지내던 감독님께 방송 활동을 그만두겠다는 내 결심을 전했습니다.

내 이야기를 들은 감독님은 물론 연기자 선배님들은 모두 내가 연기를 그만두지 않기를 바라셨습니다. 하지만 공부에 집중해서 대학에 가기로 한 내 마음은 바뀌지 않았어요.

나는 KBS 인기 드라마였던 〈여로〉의 출연을 끝으로 초등학교부터 고등학교까지 계속했던 방송 생활을 정리했습니다.

마지막 촬영을 마친 날 나는 세트장의 불이 모두 꺼진 뒤에도 조용히 한참을 자리에 앉아 있었습니다. 집이나 학교에서보다 더 오랜 시간을 보냈던 이곳을 떠난다고 생각하니 아쉬운 마음이 밀려왔습니다.

나는 일어나서 정든 이곳을 천천히 둘러보았습니다. 당장에라도 눈이 부시도록 밝은 빛을 내는 조명이 켜지고 촬영의 시작을 알리는 감독님의 목소리가 우렁차게 되살아날 것만 같았어요. 그리고 저쪽 한 구석에 조용히 서 있는 카메라가 투명한 렌즈로 생생하게 내 모습을 찍고 있을 것만 같았습니다.

 정든 무대를 떠나려니 많이 슬프셨을 것 같아요.

 많이 슬펐지. 하지만 기대도 있었어. 그동안 연기자로 활동하느라 학교생활을 제대로 못한 후회도 있었거든.

    방송 활동을 중단한 나는 평범한 고등학생으로 돌아왔습니다. 입시 준비로 아침 일찍 집에서 나와 한밤중에야 집으로 돌아가는 힘든 생활을 반복했습니다. 하지만 나는 원하던 공부를 마음껏 할 수 있는 이 시간들을 소중하게 생각했습니다.

    점심시간에 짬을 내어 축구를 한다든가 쉬는 시간에 친구들과 간식 내기를 하는 등의 알콩달콩한 재미는 지금까지 맛보지 못한 즐거움이었습니다.

    학교생활 중 가장 큰 활력소는 방송반 활동이었습니다. 처음에는 똑똑한 선배들이 모여 있다는 말에 공부를 배울 요량으로 방송반 활동을 시작했습니다. 하지만 막상 마이크 앞에 서자 나의 끼가 자연스레 밖으로 나왔고 나는 교내 체육대회나 축제 등의 사회를 모두 도맡아 진행하였습니다.

    대한민국 1세대 아역 배우 출신인 나는, 굳이 어린 나이부터 연예 활동을 할 필요는 없다고 생각합니다. 물론 그 재능이 특출

나서 일찍부터 자신의 끼를 발휘하는 것도 나쁘지는 않습니다. 하지만 준비가 덜 된 상태로 성급히 방송에 나온다면 소리 소문도 없이 사라져버릴 위험이 크며 학교생활에 다시 적응하기 위해 많은 고생을 할 수도 있기 때문이죠.

모든 일이 그렇듯 연예인도 기초를 닦는 것이 중요합니다. 자신이 재능을 알고 준비를 단단히 해놓은 사람에게는 반드시 기회가 찾아오기 마련입니다.

이제야 아저씨의 말이 무슨 뜻인지 알 것 같아요.

그래? 그러면 지윤이가 말해볼래?

아이돌을 꿈꾸더라도 많은 경험을 해야 한다는 것이죠? 아이돌 가수는 연기도 해야 하고, 연예 프로그램에도 출연해야 하니까 지식도 많이 쌓아야 하고요. 그리고 제 나이 때밖에 못해보는 공부도 해보고, 친구들과 우정도 쌓고요.

 맞았어! 경험은 결국 지윤이에게 좋은 재산이 될 거야. 연예인이 되겠다고 개인기 같은 것을 연습하는 것보다 조금이라도 특별한 경험을 쌓는 것이 더욱 도움이 되지.

 알겠어요. 저도 이제 아이돌이 되겠다고 조급해하지 않고, 제가 정말 잘할 수 있고 열심히 할 수 있을 준비가 되었을 때 시작할 거예요. 그동안은 공부도 하고, 여행도 가고, 친구들과 재미있게 놀면서 현재를 소중하게 생각할 거예요.

 이렇게 잘 이해하는 것을 보니 지윤이는 아이돌뿐만 아니라 어떤 것이라도 할 수 있을 것 같은데? 자 이제 미래를 위해서 같이 한 번 파이팅을 외쳐볼까? 하나, 둘, 셋.

 파이팅!

2장

도전하는 젊은 연기자, 송승환

저는 영화감독이 되고 싶어요. 영화만 보면 아무 생각이 나지 않아요.

어허, 큰일인걸. 아무 생각이 나지 않으면 영화감독이 될 수 없는데……
하하하, 농담이야 농담. 네가 원하는 것을 하려면 해야 할 공부가 있어.

뭔데요? 영어 공부인가요?

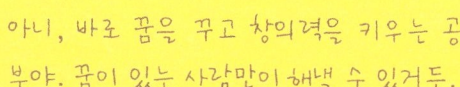

아니, 바로 꿈을 꾸고 창의력을 키우는 공부야. 꿈이 있는 사람만이 해낼 수 있거든.

꿈을 꾸는 공부는 어떻게 해야하죠? 많이 자면 되나요?

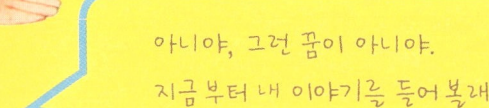

아니야, 그런 꿈이 아니야. 지금부터 내 이야기를 들어볼래?

다시 연기를 시작했어요

나는 한국외국어대학교 아랍어과에 들어갔습니다. 대학교의 첫 강의가 있던 날 아랍어과 교수님은 신입생인 우리들에게 한 번도 보지 못한 낯선 글자들을 소개해 주셨습니다. 지렁이가 꼬불꼬불 기어가는 생김새를 가진 글자도 재미있었지만 오른쪽에서 왼쪽으로 글씨를 쓰는 방식은 더욱 희한했죠.

대학교에 다닐 때 내 별명은 '외대 연극과 학생'이었어요. 사실 한국외국어대학교에는 연극과가 없었답니다. 하지만 친구들이나 교수님은 학과 공부보다 연극 동아리 활동을 더 열심히 하는 나를 그렇게 부르곤 했습니다.

 열심히 공부하셨잖아요?

 공부를 열심히 한 것을 후회하지는 않아. 덕분에 대학도 갔고 지식도 많이 쌓았으니까. 그런데 정말로 하고 싶은 게 연기란 것을 깨달은 거지. 정말 하고 싶은 일은 속일 수가 없는 거야. 그래서 난 큰 결심을 하게 돼.

"학교를 그만 두는 것만큼은 절대 찬성할 수 없구나!"
"어머니, 제가 정말 하고 싶은 일은 연기예요."

나는 형식적인 대학 졸업장을 받는 대신 나의 재능을 마음껏 펼칠 수 있는 연극 무대에서 활동하고 싶었습니다. 부모님은 지금까지 내 의견을 누구보다 존중해 주셨지만 이번만큼은 쉽게 허락하지 않으셨습니다. 특히 내가 대학에 합격한 것을 누구보다 기뻐하신 어머니의 실망이 컸습니다.

하지만 결국 부모님은 내 의견을 존중해 주셨고 나는 학교를 그만두었습니다. 당시에는 연기를 하기 위해 학교를 그만 둔다는 것은 상상할 수도 없는 일이었어요. 그렇기 때문에 나는 부모님께서 얼마나 나를 믿어 주시는지 새삼 느낄 수 있었죠.

"잘 붙어 있게 꾹 꾹 눌러야 해!"

"걱정 마세요, 찰거머리처럼 붙여 놓을 게요!"

학교를 그만 둔 나는 신촌에 있는 '76극단'에 들어갔습니다. 극단에 들어가 내가 제일 먼저 한 일은 우리가 공연하는 연극을 홍보하기 위한 포스터를 거리에 붙이는 작업이었습니다.

우리는 빈 벽이 눈에 띄기만 하면 포스터를 붙였습니다. 제일 앞서 가는 친구가 붓으로 벽에 풀을 바르면 그 다음에 있는 친구는 그 위에 포스터를 붙였습니다. 그러면 제일 마지막으로 뒤따라가던 나는 흰 면장갑을 낀 손으로 포스터가 떨어지지 않게 잘 눌러야 했습니다. 이렇게 포스터를 다 붙이고 극단으로 돌아갈 때쯤이면 하얗던 면장갑이 새까맣게 변해 있었어요. 만약 면장갑이 깨끗하면 일을 열심히 하지 않았다는 증거가 되어 선배들에게 혼이 날 각오를 해야 했죠.

"앨런 역할을 하라고요!?"

어느 날 〈에쿠우스〉의 주인공인 앨런 역할을 하지 않겠냐는 제의를 받았습니다. 〈에쿠우스〉는 영국의 극작가 셰이퍼의 작품으로 세계적인 명성을 얻고 있는 공연이었습니다. 우리나라에서는 강태기 선배가 1대 앨런 역할을 했습니다. 당시 강태기 선배의 앨런 연기를 본 나는 몹시 감동했고 언젠가 나도 꼭 저 역할을 하고 싶다고 생각했습니다.

2대 앨런이 된 나는 혼신의 힘을 다해 연습을 했습니다. 지금까지 많은 사람들이 연기한 앨런과는 전혀 다른, 나만이 보여 줄 수 있는 독창적인 앨런을 만들어 내고 싶었어요.

〈에쿠우스〉의 첫 공연이 시작되던 날, 난생 처음 무대에 서는 배우처럼 떨렸습니다. 그리고 한편으로는 한시바삐 무대로 뛰어올라가 관객들에게 연기를 선보이고 싶었습니다.

첫 공연을 무사히 끝내고 인사를 하기 위해 무대 위로 다시 올라간 나에게 사람들은 지금까지 내가 받아 보았던 그 어떤 박수 소리보다 큰 환호성을 보내주었습니다. 그날 집에 돌아와서도 내 귓가에는 사람들의 환호성이 계속 남아 있었답니다.

결국 나는 〈에쿠우스〉의 앨런 역할로 연극을 하는 사람이라면 누구나 꿈꾼다는 '백상 연기상'과 '동아 연극상'을 받으며 최고의 배우로 공식적인 인정을 받았습니다.

 결국 원하는 대로 되셨네요.

 그렇지. 그런데 나에게는 더 큰 꿈이 생기기 시작했어. 꿈은 이루었다고 사라지는 것이 아니라 더 큰 꿈을 꾸게 하거든.

 그러면 저도 영화감독이 되고 나서 또 다른 꿈이 생길까요?

 영화감독이 되고 나면, 더 좋은 영화를 만들고 싶은 꿈이 생길 것이고, 세계 영화제에서 상을 받겠다는 꿈도 생길 거야. 또 영화감독을 해보았으니 연극을 해보거나 연출력을 이용해서 만화를 만들어보고 싶을 수도 있지. 꿈은 움직이는 것이란 것만 기억해!

 예, 알겠어요.

뉴욕으로 훌쩍 떠나다

　내가 연기를 다시 시작했다는 소문을 듣고 찾아온 감독님의 권유로 텔레비전에 다시 출연하게 된 나는 요즘 말로 하면 80년대의 최고 인기 아이돌이 되었습니다. 그리하여 연기 외에도 〈젊음의 행진〉이라는 가요 프로그램의 MC와 〈밤을 잊은 그대에게〉라는 라디오 프로그램의 DJ까지 맡았습니다.

　아역 배우일 때도 인기가 꽤 높았기 때문에 항상 바쁘게 지냈지만 성인이 된 이후의 연예계 생활은 정신을 차릴 수 없을 정도로 바빴습니다.

　지금은 의상을 챙겨주는 코디네이터나 스케줄 등을 확인해 주는 매니저가 있지만 그 당시에는 스스로 모든 것을 알아서 준비해야 했기 때문에 잠을 잘 시간은커녕 밥도 챙겨 먹을 시간이 없었습니다.

 아저씨가 아이돌이었다니, 아이돌 가수가 되고 싶어 하는 지윤이가 상당히 부러워하겠는데요?

 정말 인기가 많았지. 하지만 내가 원한 것이 인기는 아니었거든. 아무리 인기가 많더라도 하고 싶고 배우고 싶은 것은 생기기 마련이야.

"연기와 공연 공부를 하러 유학을 가고 싶어요."

"네가 유학을 떠나면 지금과 같은 인기를 다시 얻을 수 있다고 생각하니? 천만에! 메뚜기도 한철이라는 것을 알아야지."

해외로 드라마와 영화 촬영을 다녀온 나는 그곳에서 만난 사람들의 자유로운 분위기가 부러웠습니다. 하지만 더더욱 부러웠던 것은 그들의 다양하고 수준 높은 공연이었습니다.

그래서 나는 해외로 나가 공연 문화에 대해 공부를 하고 싶다는 열망을 갖게 되었습니다. 하지만 주변 사람들은 이런 나의 생각에 반대했습니다. 물론 내가 유학을 떠난다면 최고 인기 스타라는 내 유명세는 거품처럼 순식간에 가라앉으리란 것은 불 보듯 뻔한 일이었습니다. 하지만 어차피 인기란 영원히 지속될 수 없다는 것을 선배 연기자들을 통해 어렴풋이 깨닫고 있었습니다.

나는 고심 끝에 뉴욕으로 유학을 떠나겠다고 결심했습니다. 이미 이십대 후반으로 들어선 나에게 지금이 아니면 다시는 이런 도전을 할 시간이 생기지 않을 것만 같았기 때문이었죠.

결국 나는 〈일어나라, 알버트〉라는 연극을 끝으로 뉴욕으로 떠났습니다. 그때 가지고 있는 돈은 출연료로 받은 3천 달러가 전부였습니다. 3년을 계획한 유학에 3천 달러를 가지고 떠나는 것은 참으로 어처구니없게 보이는 행동이었을지 모릅니다. 하지만 현실적인 상황 때문에 아쉽게 포기하느니 과감히 도전해서 길을 찾는 것이 나을 것이라는 사고방식은 그때나 지금이나 변하지 않는 나의 특징입니다.

그 당시 내가 가지고 있던 3천 달러는 뉴욕의 허름한 아파트에서 6개월 정도를 지낼 수 있는 적은 금액이었지만 나에게는 앞으로 펼쳐질 내 인생을 열어주는 무한한 희망의 액수였습니다.

　어릴 때는 구름 위를 나는 것이 상상 속의 일이라고 생각했습니다. 하지만 뉴욕행 비행기에 실은 내 몸은 물론이요, 내 마음은 정말이지 하늘 위를 날고 있었어요.

　"체킷아웃! 체킷아웃!"

　뉴욕에 도착한 나는 생활비를 벌기 위해 자판에다 싸구려 시계를 펼쳐 놓고 팔기 시작했습니다. '체킷아웃(check it out)'은 우리나라 식으로 말하면 '골라! 골라!' 인데 처음에는 쑥스러워서 입이 잘 떨어지지 않았습니다. 하지만 한 번 말문이 터지기 시작하자 박수도 치고 소리도 지르며 손님을 끌기 시작했습니다.

　"참 용감하시네요……."

　당시 내가 시계를 팔던 곳은 뉴욕의 벼룩시장이었습니다. 이곳을 찾는 사람들의 대부분은 미국인이었고 한국인 관광객은 좀처럼 찾아보기 힘들었습니다. 하지만 어느 날 한국인 관광객으로 보이는 세련된 옷차림의 젊은 여자 한 명이 내 주위를 서성였습니다. 뜸을 들이며 몇 개의 시계를 만지작거리던 여자는 마침내

고개를 들어 나에게 탤런트 송승환이 아니냐고 물었습니다. 내가 고개를 끄덕이자 여자는 말끝을 흐리며 안됐다는 눈초리로 바라보았습니다. 부자로 화려하게 살 것만 같았던 유명 연예인이 벼룩시장에서 시계나 팔고 있는 모습이 초라해 보였던 것이죠.

　사실 당시에는 그녀와 같은 얼굴로 바라보는 사람들이 많았습니다. 하지만 나는 그런 사실에 전혀 마음을 쓰지 않았습니다. 이

곳에서 매일매일 자유롭고 생기 넘치는 삶을 살아가고 있었으니까요. 나는 싸구려 시계를 팔아서 행복한 시간을 사는 뉴욕의 가난한 유학생이었던 것입니다.

 아무리 그래도 연예인이 길거리에서 시계를 팔았어요? 혹시 가짜 시계는 아니었겠지요?

 꿀밤이다, 이 녀석아.

 아얏!

 내가 하고 싶은 일을 할 때는 몸도 힘들지 않고, 부끄럽지도 않은 법이지. 자신이 하는 일을 부끄러워해서는 아무 일도 할 수 없는 법이야. 우리 부모님들도 아들, 딸이라는 꿈이 있기 때문에 힘들게 일하시면서도 힘든 것을 모르시잖아.

 그러네요.

도전하는 젊은 연기자, 송승환

창의성을 깨닫다

"마이클 잭슨이 누구야?"

"아니, 한국 사람인 나도 알고 있는 마이클 잭슨을 모른다고?"

뉴욕에서 공부를 할 때 미국인 친구들과 음악에 대해 이야기를 나눈 적이 있었습니다. 이야기 도중 나는 미국인 친구들에게 마이클 잭슨의 음악에 대해 물어보았습니다. 그런데 이야기를 나누던 친구 중에 한 명이 파란 눈을 동그랗게 뜨며 마이클 잭슨이 도대체 누구냐며 동양인인 나에게 오히려 되물었습니다.

순간 나는 내 귀를 의심했습니다. 미국의 세계적 팝스타인 마이클 잭슨을 20대의 미국인 친구가 모르리라고 상상도 못했기 때문이었죠. 하지만 클래식 음악을 주로 듣는다던 그 미국인 친구는 마이클 잭슨을 정말 알지 못했습니다. 나는 이 사실이 매우 놀라웠는데 다른 미국 친구들은 취향의 차이라며 가볍게 웃어 넘겼습니다.

내가 미국에서 생활하면서 가장 놀라워했던 점은 사람들의 개성 있는 사고방식이었습니다. 예를 들어 우리나라의 거리를 돌아다니다 보면 많은 사람들이 유행에 따라 똑같은 옷차림과 머리 모양을 하고 있습니다. 그리고 그런 유행을 따라가지 못하는 것을 부끄럽게 여기기까지 합니다.

하지만 뉴욕에서는 자신이 편안하게 생각하고 좋아하는 차림새를 최고로 여깁니다. 그렇기 때문에 이곳에서는 유행하는 차림새란 것이 딱히 없어요. 누군가 머리를 새둥지처럼 하고 다닌다고 해도 아무도 비웃지 않습니다. 이와 같이 개성을 존중하는 사고방식은 독창적인 문화를 만드는 일에도 영향을 미칩니다.

아저씨, 머리를 감지 않아서 삐죽삐죽 사방으로 뻗은 것도 개성인가요?

 개성은 자신을 표현하는 방식을 말하는 거야. 파란색, 빨간색, 노란색 등 좋아하는 색이 모두 다르듯이, 좋아하는 머리모양, 옷차림도 모두 다른 거지.
그런데 머리를 감지 않는 것은 개성이라기보다 위생 상태가 안 좋은 것 같은데. 혹시 하늘이 네 이야기니?

 아……, 아니요.

　나는 뉴욕에서 문화 예술에 대해 공부할 수 있는 학교에 다녔습니다. 학교에서 공부하는 방식 역시 우리나라와 큰 차이가 났습니다.
　내가 한국에서 지금껏 배운 공부는 암기 위주의 방식이었습니다. 즉, 모범 답안을 토시 하나 틀리지 않고 달달 외우는 것을 최고로 쳤던 것입니다. 하지만 여기서는 조금 서투르고 어색하게 느껴지더라도 개성 있는 생각을 더욱 높게 평가했습니다.
　"과제로 내준 영상물을 발표해 볼까요?"
　어느 날 교수님이 우리에게 하늘과 관련된 이미지를 촬영해 오라는 과제를 내주셨습니다. 나는 놀이 지는 하늘을 가장 좋아했기 때문에 그것을 촬영해 왔습니다. 하지만 놀랍게도 하늘을 촬영해 온 사람은 나밖에 없었어요.

"저는 그림자를 촬영해 왔습니다. 하늘에 있는 빛으로 생겨난 그림자는 하늘이 우리들에게 써준 글자 같다고 생각했기 때문입니다."

"저는 하늘과 가장 닮은 것은 사람들의 미소라고 생각했습니다. 그래서 사람들의 미소를 촬영해 왔습니다."

나는 자연 그대로의 하늘에서 한 걸음 더 나아가 자신의 생각이 담겨 있는 하늘을 촬영해 온 친구들의 영상물을 보며 감탄했습니다.

내가 이곳 뉴욕에서 지금까지 본 자유롭고 다양한 문화의 힘은 자신이나 다른 사람의 개성을 존중하고 인정하는 환경에서 나온 창의성이라는 것을 깨달았습니다.

현대사회의 가장 큰 경쟁력은 창의성입니다. 예술가에게 창의성이 필요한 것은 두말할 필요가 없습니다. 그러나 꼭 예술가가 아니더라도 세계적으로 성공한 인물은 모두 하나같이 창의적인

사람들입니다.

아이폰을 개발하여 항상 큰 화제를 몰고 다녔던 스티브 잡스의 성공 비결 역시 휴대전화에서 인터넷을 자유롭게 사용할 수 있도록 만든 창의적인 생각입니다. 현재 해외 리그에서 활동하고 있는 박지성의 성공 비결 역시 공격수와 수비수의 개념을 없앤 창의적인 플레이를 하는 것입니다.

사실 창의성은 무엇인가 유난스럽고 특별난 것이 아닙니다. 창의성이란 기존의 고정관념을 살짝 뛰어넘는 것입니다. 그리고 그것을 가능하게 하는 첫걸음은 자유로운 생각을 하는 것입니다.

창의성이란 어떻게 보면 개성하고 비슷하네요. 남들을 따라 하지 않고 자신만의 생각을 한다는 거니까요.

바로 맞았어. 그런데 개성하고 조금 다른 점은 개성은 자신을 드러내는 것이지만, 창의성에는 조금 더 좋아지게 한다는 뜻이 숨어 있어. 나만의 방식으로 좀 더 좋아지게 한다는 것이지.

 그러면 창의성은 어떻게 기르죠?

 내 이야기를 조금 더 들어보면 힌트가 보일 거야.

브로드웨이를 경험하다

　세계에서 가장 번화한 도시, 뉴욕에는 유명한 것이 무척 많습니다. 하지만 뉴욕에서 나의 마음을 사로잡은 것을 딱 하나만 꼽는다면 그것은 바로 브로드웨이입니다.
　브로드웨이는 뉴욕의 거리입니다. 이 거리에 유명한 공연을 하는 수준 높은 극장이 속속들이 들어서면서 1920년대부터는 '미국의 연극=브로드웨이'라는 공식이 사람들의 머릿속에 자리를 잡게 되었습니다.
　사실 내가 뉴욕으로 유학을 온 결정적인 이유는 브로드웨이의 공연 문화를 배우기 위해서였습니다. 브로드웨이에는 수준 높은 공연들이 넘쳐 났습니다. 우리가 익히 알고 있는 〈캣츠〉나 〈오페라의 유령〉 등도 이곳에서 오랜 시간 동안 공연되며 그 가치를 인정받았죠. 그래서 공연 예술을 하는 사람들은 작품성과 흥행성을 보장받는 꿈의 무대, 브로드웨이에서 공연을 하는 것을 굉장한 영광으로 여기고 있습니다.

〈캣츠〉와 〈오페라의 유령〉은 제목은 많이 들어봤는데 어떤 공연이죠?

연기와 음악이 어우러진 공연을 뮤지컬이라고 한다는 것은 알고 있겠지? 〈캣츠〉와 〈오페라의 유령〉은 〈레미제라블〉, 〈미스 사이공〉과 함께 세계 4대 뮤지컬로 불리는 유명한 공연이야. 우선 〈캣츠〉와 〈오페라의 유령〉을 먼저 말해줄게.

예.

 〈캣츠〉는 노벨 문학상을 받은 시인인 에리엇의 시 〈지혜로운 고양이가 되기 위한 지침서〉를 뮤지컬로 만든 것이야. 쓰레기 더미를 배경으로 해서 고양이로 분장한 배우 40여 명이 등장하지. 고양이가 주인공들인 아주 재미있는 뮤지컬이야.

 고양이가 주인공이라……. 이것도 창의력이 넘치는데요?

 그렇지. 〈오페라의 유령〉은 프랑스 소설가인 가스통 르루의 소설을 원작으로 한 뮤지컬이야. 천사의 목소리를 가졌지만 사고로 흉측하게 변한 얼굴을 가면으로 가린 채 살아가는 신사가 아름다운 오페라의 여주인공을 짝사랑하는 내용이야. 많은 상을 받은 작품이지.

 앞으로 뮤지컬도 좀 봐야겠어요. 그래야 내 창의성도 더 커지겠죠?

 그래, 아마도 그럴 거야.

이곳, 브로드웨이를 빛나게 해주는 것은 유명하고 웅장한 공연뿐만이 아닙니다. 작은 규모지만 매우 독창적인 작품들도 브로드웨이를 매우 유명하게 만들었습니다.

"정말 이게 무용이야?"

나는 사람들이 빠져나간 공연장에서 허탈하게 앉아 혼잣말로 중얼거렸습니다. 세계적인 안무가와 음악가가 모여 만들었다는 무용 공연의 표를 주저하지 않고 샀던 어느 날이었습니다.

공연을 소개하는 팸플릿에는 거창한 설명이 씌어 있었기에 나는 더욱 큰 기대를 했습니다. 하지만 한 시간 반 동안 무용수들은 무대 위를 느릿느릿 걸어 다니기만 했고 흘러나오는 음악은 주전자에서 물이 끓는 것 같은 소리뿐이었습니다. 곧 멋있는 무용과 음악이 시작될 거라는 믿음으로 참을성 있게 기다리던 중 갑자기 무용수들이 무대에서 쓰러지고 불이 꺼졌습니다.

드디어 무엇인가 대단한 것이 시작되겠다고 생각했지만 그것이 공연의 끝이었습니다. 허무한 공연만큼이나 나를 놀라게 했던

것은 그 공연을 본 대다수의 관객들이 감동적인 박수를 쳤다는 사실이었습니다.

또, 피터 슈만이라는 연출가가 이끌고 있는 '빵과 인형 극단'의 인형극을 본 적이 있었습니다. 기존의 인형극을 떠올린 나는 당연히 끈을 이용해 움직이는 조그만 꼭두각시 인형들이 나올 것이라고 생각했습니다. 하지만 집채만 한 인형이 등장하는 등 내 예상은 보기 좋게 어긋나고 말았습니다.

수많은 공연을 보았지만 가장 내 기억에 남는 공연은 세계적인 공연 연출가이자 영화 감독인 피터 브룩의 〈마하바라타〉였습니다. 이 작품은 공연장부터 아주 인상적이었는데 멀쩡한 건물에 진흙을 덧대어 움막을 만들고 무대에도 흙을 덮어 길을 만들었습니다. 그리고 그 길에 물이 흐르도록 하여 개천까지 만들었습니다. 이 공연에서 제일 놀라웠던 점은 공연 시간이었습니다. 밤 10시에 시작된 공연은 다음날 아침 7시가 되어서야 끝이 났습니다. 그러니까 장장 9시간 동안 공연이 지속된 것이죠.

평소 알고 있는 상식대로라면 도무지 공연이라고 부를 수 없는 것도 이곳에서는 인기리에 상연되고 있었던 것입니다. 처음에 나는 당혹감을 느꼈지만 점차 다양한 공연이 열리는 이곳의 문화가 아주 많이 부러웠습니다.

나는 평소에 젊은 후배들에게 외국에 나가서 공부할 것을 권유하곤 합니다. 조금 고생스럽더라도 여러 가지 다양한 문화를 직접 보고 듣는 것이 정말 큰 공부가 되기 때문이죠. 더군다나 공연의 티켓을 팔거나 포스터를 홍보하는 방법은 현장에서만 배울 수 있는 알찬 경험입니다.

무엇보다 유학의 가장 큰 장점은 세계의 벽이 의외로 높지 않다는 것을 직접 느낄 수 있다는 점입니다. 외국의 공연이 대체적으로 수준 높은 것은 사실이지만 그렇지 않은, 기대 이하의 공연 역시 의외로 많기 때문입니다. 나 역시 그렇게 일찍이 시야를 넓혔기 때문에 노력하면 얼마든지 세계적으로 성공할 수 있겠다는 확신을 가질 수 있었습니다.

 넓은 세상을 바라보면 창의성이 커진다는 말씀을 하고 싶으신 거죠?

그래. 나도 뉴욕에 가서 여러 가지 공연과 사람들의 모습을 보면서 많은 생각을 했거든. 많은 생각을 한다는 것은 생각의 힘이 커진다는 것이지.

그런데 꼭 외국으로 나가야 넓게 보는 힘이 키워지는 것은 아니야. 학교를 다니면서 친구들의 모습이나 동네의 모습을 유심히 관찰하면 새로운 면을 발견하게 될 거야. 그런 것도 생각을 키우는 행동이지.

음, 학교에 이해가 안 되는 친구가 있는데 그 친구를 잘 관찰해보고 이해하도록 해봐야겠어요. 친구도 이해하고 창의성도 키우고 아주 좋겠는데요.

바로 그거야!

멋진 공연을 만들자

유학 생활을 마치고 돌아온 나는 내 이름의 뒷자리인 '환' 자와 공연 예술을 뜻하는 영어인 '퍼포먼스(performance)'를 합쳐서 '환퍼포먼스'라는 이름의 극단을 만들었습니다. 뉴욕에서 공부하면서 언젠가 한국에 돌아가면 멋진 공연을 만들겠다는 다짐을 실행해 옮긴 것이죠. 하지만 말이 극단이지 직원은 달랑 나 혼자밖에 없는 작고 초라한 규모의 극단이었습니다.

평소 잘 알고 지내던 선배의 사무실 한쪽에 조그맣게 세워진 환퍼포먼스에서 제일 먼저 시작한 일은 인기 가수들의 콘서트를 기획하는 일이었습니다.

내가 뉴욕으로 떠나 있던 4년간 한국의 음악 시장은 많이 변해 있었습니다. 당장 라디오만 들어 보아도 그 변화를 실감할 수 있었습니다. 과거에는 청취자가 신청하는 10곡 중에 8곡이 팝송이었던 반면에, 4년이 지난 지금에는 10곡의 신청곡 중에 8곡이 우리나라 가요로 바뀌었습니다. 그만큼 우리나라 가요 수준도 높아졌다는 것을 의미했습니다.

나는 당시 인기 가수 조덕배, 봄여름가을겨울, 해바라기, 이승환, 변진섭 등의 콘서트를 기획하고 제작했는데, 그중에 가장 큰 화제를 일으켰던 것은 변진섭의 콘서트였습니다.

"자리가 텅텅 비면 어떡하지요……."

80년대의 후반에 가수로 막 데뷔하여 폭발적인 인기를 얻고 있던 변진섭이 나에게 걱정스럽게 말했습니다.

나는 과감히 힐튼 호텔의 컨벤션홀(큰 행사를 치를 수 있게 만든 커다란 공간)을 변진섭의 콘서트 장으로 예약했습니다. 그때까지는 대중 가수가 호텔에서 콘서트를 한다는 것이 흔한 일은 아니었기 때문에 많은 관계자들은 손해를 볼 것이라고 했습니다. 하지만 이런 예상은 보기 좋게 빗나갔습니다. 콘서트장의 객석이

꽉 찬 것은 물론이요, 호텔이 있는 남산에서부터 서울역 건너편 남대문 경찰서까지 변진섭의 콘서트를 보러온 사람들로 장사진을 이루었습니다.

 변진섭 아저씨가 그렇게 인기가 많았어요?

 그럼. 지금으로 따지면 이승기보다도 인기가 많았을걸! 그리고 이제 말해줄 강수지는 소녀시대나 카라와 맞먹을 정도였어.

 우와.

"오빠, 저 가수가 되려고 무작정 한국에 왔어요."
"지금 수지 네가 한국에 있다고?"

강수지는 미국에 있을 때 알게 된 사이로, 내가 심사를 본 대학가요제 미주 동부 예선 대회에서 금상을 탔습니다. 그 후 함께 한인 방송의 사회를 보며 친해진 동생 같은 친구였습니다.

무작정 한국으로 온 강수지는 나에게 한국에서 가수로 데뷔하고 싶다는 소망을 밝혔습니다. 당시 가요계에는 예쁘고 노래까지 잘하는 여가수가 드물었어요. 그래서 강수지가 가요계에 데뷔를 하면 인기 가수로 성공할 가능성이 클 것 같았습니다.

나는 곧 그녀의 음반을 제작했고 1집 〈보랏빛 향기〉는 대히트를 쳤습니다. 그 이후 우리 회사에서 만든 2집과 3집 역시 성공하여 인기 가수로 자리를 잡고 환퍼포먼스는 적지 않은 수익을 얻을 수 있었습니다.

강수지의 음반이 성공하자 가수가 되겠다고 찾아오는 사람들이 부쩍 늘어났습니다. 그러던 어느 날 사무실로 어떤 청년 한 명이 찾아왔습니다. 그 청년은 사람의 얼굴을 잘 기억하지 못하는 나도 쉽게 떠올릴 수 있을 만큼 매우 인상적인 외모를 가지고 있었습니다.

"미안하지만 연예인 할 외모는 아닌 것 같은데?"

"그 대신 저는 다른 가수들보다 노래도 잘하고 춤도 훨씬 잘 출 수 있어요!"

사실 나는 끼만 있다면 연예인을 지망하는 친구들의 외모가 꼭 뛰어날 필요는 없다고 생각해요. 하지만 이번에 나를 찾아온 청년은 다른 연예인에 비해 너무나 못생겨 보였죠. 그래서 나는 그 청년이 춤과 노래에 재능이 뛰어나 보임에도 잘 타일러서 집으로 돌려보냈습니다. 하지만 그로부터 몇 개월 후 그는 가요 프로그램에서 당당히 1위를 차지했습니다.

사실 그 청년은 과거에는 인기 가수로, 현재는 음반 프로듀서 및 제작자로 활발하게 활동하고 있는 박진영이였습니다. 나는 이 실수로 재능과 열정이 있다면 어떠한 어려움이 있어도 결국 성공하게 된다는 것을 깨달았습니다.

 외모가 뛰어나야만 성공할 수 있다는 고정관념을 갖고 계셨었네요.

 이제는 네가 나를 가르치는구나. 그래, 맞았어. 항상 창의력을 말하지만 나도 그런 고정관념을 깨지 못했던 것이지. 하지만 실수를 깨닫는 것도 중요한 능력이란 것을 알아야 한단다.

 그럼요.

 새로운 출발, 공연 전문 회사를 만들자

'확실히 실감이 덜 나는구나……'

한국 배우들이 브로드웨이에서 재미있게 봤던 뮤지컬을 공연한다는 소식을 듣고 며칠을 손꼽아 기다리다가 공연을 본 나는 몹시 실망했습니다.

우리나라 배우들의 연기력 문제라기보다는 노랑머리 가발을 쓰고 '톰'이나 '메리'라는 외국식 이름으로 서로를 부르는 것이 몹시 어색하게 느껴졌던 것이죠. 그리고 문화적인 차이로 우리나라 사람들이 잘 이해하지 못하는 부분까지 그대로 공연되어서 약간은 억지스럽게 느껴졌습니다.

90년대까지만 해도 우리나라 공연계의 사정은 그리 좋은 편이 아니었습니다. 내가 본 공연처럼 외국 작품을 가지고 와서 우리나라 배우들이 연기하거나 외국 배우들이 우리나라를 방문해 직접 공연하는 것이 대부분이었습니다. 앞의 경우에는 부자연스럽다는 단점이 있었고, 뒤의 경우에는 외국말을 해석한 자막을 읽으며 보아야 하는 불편이 뒤따랐습니다.

이런 문제를 해결하려면 제대로 된 창작 뮤지컬을 만들어야 한다고 결심한 나는 뮤지컬 〈고래사냥〉의 제작을 결심했습니다. 최인호 작가가 쓴 유명한 소설이었던 〈고래사냥〉은 이미 영화와 노래로 만들어져 히트를 쳤던 작품이었기 때문에 뮤지컬로 만들어도 충분히 성공할 수 있을 것만 같았습니다.

어마어마한 제작비가 필요했던 나는 〈고래사냥〉을 만드는 이유와 과정, 홍보 방법 등을 자세히 설명한 문서를 만들어 기업체에 협찬을 요청했어요. 당시 내가 만든 문서가 구체적이고 확실해서 기업체의 임원들 사이에서 화제가 되었다고 해요. 그 이유 덕분인지 나는 〈고래사냥〉의 제작비를 간신히 마련할 수 있었습니다. 덕분에 공연은 성공적으로 마쳤습니다. 문제는 그 이후였습니다.

"이제 〈고래 사냥〉 무대 세트는 어떻게 할까요?"

"불태워 주세요."

공연이 끝나자 〈고래사냥〉에 사용되었던 무대 세트는 아무 쓸모없는 천덕꾸러기 신세가 되었습니다. 게다가 하루하루 지날수록 창고에 보관하는 임대 비용도 눈덩이처럼 불어났습니다. 〈고래사냥〉이 앞으로 언제 다시 공연될지 몰랐기 때문에 눈물을 머금고 내가 살던 집보다 훨씬 비싼 무대 세트를 불태울 수밖에 없었습니다.

〈고래사냥〉은 근래에 보기 드문 창작 뮤지컬이라는 찬사를 받으며 전국적으로 공연되었습니다. 하지만 스스로 냉정하게 판단해 보았을 때 내용이나 볼거리 면에서 아직 부족한 점이 많았습니다. 작품성의 부족함만을 깨달은 것은 아니었습니다. 나는 〈고래사냥〉을 만들기 위해 밤낮으로 돈을 빌리러 다녀야 했습니다. 하지만 그렇게 작품을 겨우 완성시켜 놓아도 다음 작품을 만들려면 또다시 돈을 구하러 다녀야 했습니다.

그래서 지금까지 운영하고 있던 환퍼포먼스라는 극단을 기업

형태로 바꾸어야 할 필요성을 느꼈습니다. 안정적인 자금과 체계적인 관리 경영을 할 수 있는 기업을 가지고 있어야 좋은 작품을 탄생시킬 수 있다는 생각이 들었던 것이죠. 그래서 결국 나는 공연(Performance), 음악(Music), 영화(Cinema)의 머리글자를 딴 'PMC 프로덕션'이라는 주식회사를 세웠습니다.

"에잇! 예술을 돈벌이로 생각하다니!"

공연 예술을 하는 사람들 중 일부는 기업에서 공연 제작을 한다니까 반대하기도 했습니다.

물론 예술 작품을 돈벌이로만 생각하는 것은 잘못된 일입니다. 하지만 그렇다고 돈을 벌 수 없는 공연을 만든다면 그 작품은 긴 생명력을 가지기가 힘듭니다. 일단 돈이 있어야 공연의 부족한 점을 보충할 수 있고 홍보비를 마련하여 작품의 우수성을 사람들에게 알릴 수 있으니까요. 놀라운 작품성을 가진 뮤지컬 〈켓츠〉는 이미 30여 개국 300여 개가 넘는 도시에서 공연되었습니다. 이제는 그 경제적 가치가 어마어마하여 수치로 따질 수조차 없다고 해요. 훌륭한 공연을 만들 최선의 방법은 공연을 해서 스스로 돈을 버는 것입니다.

 마지막으로 하늘이에게 하고 싶은 이야기는 '아무리 좋은 생각이라도 실행을 해야 한다'는 말이야. 내가 PMC 프로덕션이라는 회사를 만들지 않았으면 여러 가지 공연을 하지 못했을 거야.

 그러니까, 머릿속으로 생각한 것을 실제로 만들어내는 것이 중요하다는 말이죠?

 바로 그게 영화감독이 갖추어야 할 가장 중요한 능력이지. 영화감독은 수많은 사람을 이끌어서 세상에 없는 이야기를 영상으로 만들어야 하잖아.

 잘 알겠어요, 고마워요. 저도 이제 제가 무엇을 해야 할지 알 것 같아요. 꿈, 창의성 그리고 실행이죠.

 좋았어! 자 하늘이의 미래는 이제부터 시작이야.

3장

난타를 만든 공연 기획자, 송승환

아저씨, 저는 아이들이 이상한 생각만 한다고 놀려요.

그래? 어떤 생각을 하는데?

음……, 무지개색 눈이 오면 어떨까 생각하고 그림을 그려봤어요. 그런데 아무도 그림의 뜻을 알아보지 못해요.

아주 예쁜 그림이었겠구나. 흰 눈만 내린다면 그런 예쁜 그림이 나오지 못했을 거야. 상상을 한다는 것은 아주 중요한 능력이야. 상상으로 훌륭한 일을 한 사람들도 아주 많거든. 상상이 얼마나 중요한지 이제부터 내 이야기를 들어 볼래?

부엌에서 찾은 맛있는 소리

"대사가 없는 공연이 있다고요?"

"그럼요! 요즘 세계적으로 인기 있는 공연 중에는 말을 하지 않는 연극이 꽤 있어요."

평소 친하게 지내던 기자와 문화 예술에 대해 의견을 주고받던 나는 대사가 없는 공연이라는 소리에 정신이 번쩍 들었습니다. 현재 내가 하고 있는 고민을 해결할 열쇠를 찾은 것만 같았기 때문이었어요.

PMC 프로덕션을 설립한 나는 어느 나라 사람이든지 재미있게 볼 수 있는 공연을 만들겠다고 결심했습니다. 하지만 세계무대로 나아가기 전에 해결해야 할 가장 큰 문제점은 언어였습니다.

우리나라 언어는 세계적인 우수성을 가지고 있지만 영어처럼 전 세계적으로 많이 사용되는 언어는 아닙니다. 따라서 우리나라 말로 공연을 한다면 다른 나라 사람들은 그 뜻을 모르기 때문에 재미를 느끼기 힘들 것입니다.

게다가 우리나라 언어는 다른 언어에 비해 다양한 표현력을 가지고 있습니다. 그런데 이러한 장점이 외국어로 번역될 때는 골칫거리로 변했습니다. 예를 들어 파랗다, 퍼렇다, 새파랗다, 시퍼렇다 등 복잡한 차이를 영어로 파랗다는 뜻을 가지고 있는 블루(blue)로만 표현하면 세세한 뜻이 통하지 않았습니다.

하지만 공연에 대사가 아예 없다면 아무 문제없이 누구나 공연을 쉽게 이해할 수 있을 겁니다.

집으로 돌아와 대사가 없는 공연에 대해 알아본 나는 현재 브로드웨이에서 〈스텀프〉, 〈탭 덕스〉, 〈블루맨 그룹의 튜브〉라는 작품이 인기리에 공연된다는 것을 알았습니다. 그리고 그 공연에 대사는 없지만 발을 구르거나 드럼을 치는 등 무대의 상황이나 분위기를 설명해 줄 독특한 소리들이 있다는 사실을 추가로 알게 되었습니다.

 말이 없는 연극이라니 생각도 못해봤는데요?

 채빈이도 '만약 무지개색 눈이 내린다면'이라고 생각해서 그림을 그린 거지? 이런 연극을 만든 사람들도 '만약 연극에 말이 없다면'이라고 생각한 거야. 상상에서 가장 중요한 단어는 '만약'이란 말이란다.

말이 없는 공연을 만들겠다고 결심한 나는 그날부터 말을 대신할 소리를 찾기 시작했습니다. 예상외로 언어 대신 생각이나 감정을 전달할 만한 소리가 우리 주변에 꽤 많았어요.

예를 들어 사무실 문을 두드리는 노크 소리만으로도 사람의 상황이나 성격을 알 수 있었습니다. 문을 두드리는 소리가 세차고 빠르다면 무엇인가 나에게 급하게 할 말이 있는 사람이 대부분이었습니다. 그리고 들릴 듯 말 듯 문을 몇 번 두드리다 마는 경우는 조심스럽거나 수줍음을 타는 성격을 가진 사람들이 많았어요.

또, 발걸음 소리만으로도 여러 사람들의 특징을 표현할 수 있었습니다. 예를 들어 무대의 배경이 교실이라면 선생님은 또각또각 구두 소리로 나타낼 수 있을 것입니다. 또 우당탕탕 소란스럽게 뛰어다니는 발소리로는 개구쟁이 친구를 표현할 수 있으며, 리듬감 있는 가벼운 발소리로는 발랄하고 상냥한 성격을 지닌 친구를 표현할 수 있는 것입니다.

하지만 단순히 언어를 대신하는 소리만으로 공연을 만들 수는 없었습니다. 나는 외국에서 보았던 말이 없는 연극과는 좀 다른 공연을 만들고 싶었습니다.

현재 세계적으로 유행하고 있는 말 없는 연극에는 신나고 재미있는 소리와 몸짓만 있을 뿐이었고 정작 가장 중요한 이야기다운 이야기는 빠져 있었어요. 즉, 무대의 등장인물들이 벌이는 실감 나는 사건이 없었던 거죠. 그래서 나는 흥미로운 사건이 벌어지는 상황에서 나오는 소리를 찾고 싶었습니다.

"와! 난 보글보글 찌개 끓는 소리만 들어도 침이 꼴까닥 넘어가더라."

"저는 볶음밥이 자글자글 눋는 소리요!"

"나는 도마 소리만 들어도 배고파."

밥을 먹으러 식당에 들어갔는데 우연히 옆 테이블의 대화 소리가 들렸어요. '맛있는 소리도 참 많네'라고 중얼거리며 식당을 안을 돌아보던 준 이곳이야말로 내가 찾는 소리가 가득한 공간임을 깨달았습니다.

식당, 즉 우리들의 부엌에는 무궁무진한 소리들이 모여 있었습니다. 고기나 야채를 다지는 '두두두' 칼질 소리, 물 끓는 주전자의 '달그락' 뚜껑 소리, 그릇에 '팅팅팅' 하고 부딪히는 수저와 젓가락 소리, 아주 가끔 들리는 '와장창' 유리잔 깨지는 소리 등등…….

거의 대부분의 사람에게 부엌은 친근한 공간이었습니다. 매일매일 사랑하는 가족들을 위한 소박한 음식이 만들어지며 때때로 특별한 날을 기념하기 위한 근사한 음식이 탄생하는 공간이었기 때문이에요.

부엌! 이곳이야말로 내가 찾던, 재미있고 감동적인 이야기가 가득한 진짜 세상이었습니다.

 와! 이야기만 들어도 부엌의 모습이 막 생각나요.

 그건, 채빈이의 상상력이 좋기 때문이야. 그리고 상상력을 더욱 도와주는 것은 관찰력과 집중력이지. 내가 부엌의 소리를 발견한 것은 집중해서 여러 가지 소리들을 잘 들었기 때문이야.

 주의해서 관찰하면, 머릿속으로 상상하는 것 말고도 우리 주변에는 여러 가지 신비로운 것들이 많이 있네요.

 맞아. 그 점을 꼭 기억해두도록 해.

프라이팬으로 사물놀이를 하자

부엌에서 들리는 맛있는 소리로 세계적인 공연을 만들겠다고 결심한 나는 마침내 내 꿈에 한 발 더 다가선 것 같았습니다. 하지만 이것만으로는 세계적인 공연이 될 수 없다고 느꼈어요.

사실 외국의 공연 수준은 매우 높았습니다. 19세기에 시작된 외국의 공연은 우리나라보다 50~60년이나 긴 역사를 가지고 있었기 때문에 좋은 공연을 만들어 내는 많은 기술과 장비를 가지고 있었죠. 게다가 공연에 투자하는 비용도 몇십 배 정도 차이가 나서 화려한 볼거리가 많았습니다. 그리고 좋은 공연을 자주 본 관객들의 눈도 매우 높았습니다. 관객들은 웬만큼 작품성이 있지 않으면 거들떠보지도 않았습니다. 그래서 나는 어떻게 하면 공연 역사가 짧은 대한민국의 작품으로 세계인의 관심을 끌 수 있을지 매일같이 고민했습니다.

그렇게 깊은 고민에 빠져 있을 무렵 외국에서 중요한 손님이 찾아왔어요. 나는 외국 손님이 한국에서 편히 머무를 수 있도록 각별히 신경을 썼습니다. 그리고 입맛이 까다롭기로 유명했던 그 외국 손님을 위해 우리나라에서 잘한다고 소문난 유명한 서양 레스토랑을 예약했습니다. 그 손님은 식사를 편안하게 마쳤지만 이곳의 음식에 특별한 감동을 받은 것 같지는 않아 보였어요.

의외로 그 외국 손님은 우리나라 거리 곳곳에 있는 포장마차를 몹시 흥미롭게 여겼고 그곳에서 파는 음식에 큰 관심을 보였습니다. 그래서 나는 그를 포장마차로 데려갔죠. 그는 난생처음 먹어본 떡볶이의 매운 맛에 식은땀을 뻘뻘 흘리면서도 큰 감탄을 표시했습니다. 일정을 마치고 자신의 나라로 돌아간 그는 한국에서 맛본 떡볶이가 그립다는 말을 나에게 종종 했습니다. 우리에게는 길거리 음식인 떡볶이가 너무나 소박하고 평범해 보이지만 그 외국 손님 입장에서는 매우 특이한 한국의 음식 문화였던 것이죠.

"가장 한국적인 것이 가장 세계적인 것이야!"

세계인의 마음을 사로잡을 공연을 만들기 위해 고민하던 나는 그런 경험으로부터 동양, 그중에서도 우리나라 문화만큼은 내가 외국의 공연 제작자보다 훨씬 잘 만들 수 있다는 사실을 깨달았습니다.

그리하여 부엌의 소리에 가장 한국적인 특색을 집어넣는다면 우리나라 관객의 입장에서는 매우 친숙하게 느껴질 것이요, 외국의 관객에게는 신선하고 개성 있게 보일 것이라고 생각했습니다.

"많은 사람들이 사물놀이를 좋아하는 이유는 무엇일까요?"

"사물놀이는 우리 민족의 피에 흐르고 있는 힘찬 음악입니다. 그렇기 때문에 사물놀이를 듣는 사람이라면 누구나 대단히 강렬한 한국적 에너지를 느낄 수 있습니다."

해외에서 '김덕수 사물놀이패' 공연의 사회를 맡은 적이 있던 나는 김덕수 선생님께서 사물놀이에 대해 말씀하시는 것을 듣고 깊은 감명을 받았습니다. 그리고 함께 사물놀이 공연을 본 교포들은 물론이고 외국인들까지도 사물놀이를 아주 재미있게 보며 최고라고 외쳤던 기억이 났습니다.

　사물놀이는 꽹과리, 장구, 북, 징을 이용해 우리나라의 풍물 가락을 연주하는 공연입니다. 사물놀이가 많은 사람들에게 사랑을 받는 가장 큰 이유는 신나는 리듬 때문인 것 같습니다. 사물놀이의 리듬은 천천히 상승되다 어느 시점에서 정점으로 치닫는 등 변화무쌍하여 도저히 예측하기 힘듭니다. 그래서 사물놀이에 집중하다 보면 어느 순간 정신이 쏙 빠질 정도의 황홀한 순간을 맞습니다. 그리고 바로 그 매력을 김덕수 선생님께서는 한국적 에너지를 뜻하는 '신명'이라고 불렀어요.

나는 부엌에서 나는 소리에 사물놀이의 리듬을 어우러지게 해야겠다고 결심했습니다. 이제야 비로소 세계적인 공연의 자질을 갖춘 것만 같았습니다. 누구나 공감하고 이해할 수 있는 부엌의 소리라는 보편적인 문화에 한국적인 리듬이라는 사물놀이의 특수한 문화가 합쳐진 것이죠. 이렇게 '보편성'과 '특수성'의 만남은 세계적인 공연이라면 꼭 갖추어야 할 자질입니다.

나는 부엌에서 일어나는 요리 과정이 사물놀이로 다시 태어나는 것을 생각해 보았습니다. 양념을 빻는 절구질이 굿거리장단에 맞춰 '덩 기덕 쿵 더러러러 쿵 기덕 쿵 더러러러' 소리를 내고, 야채를 써는 칼질이 휘모리장단에 따라 '덩따따 쿵따쿵 따쿵쿵따쿵 따쿵' 하고 몰아쳐지는 장면은 상상만으로도 흥이 절로 날 만큼 재미있었습니다.

가장 한국적이며 가장 세계적인 공연의 기초를 완성한 나는 떨려오는 마음에 잠을 이룰 수 없었어요. 아직 모든 것이 시작 단계지만 곧 세계의 문을 신나게 두드리러 나갈 수 있을 것만 같았기 때문이죠.

보편성과 특수성이란 말이 저한테 너무 어려운데요.

그러면 채빈이가 이해하기 쉽도록 아까 말한 떡볶이로 예를 들어볼까? 채빈이는 매운 음식을 잘 먹니? 가령 고추 같은 거 말이야.

 고추는 매워서 잘 못 먹어요.

 그러면 떡볶이는 어때?

 떡볶이는 잘 먹어요. 그냥 매운 게 아니라 쫄깃한 떡의 느낌도 좋고 약간 달콤한맛이 나서 맵지만 잘 먹죠.

 바로 그거야. 중국의 마파두부, 멕시코의 살사소스, 한국의 떡볶이. 모두 매운맛이 나지만 채빈이가 잘 먹는 것은 떡볶이잖아. 매운맛은 보편성이고 쫄깃한 떡과 달콤한 맛은 특수성이지. 이해가 좀 되니?

 아하~ 이제 좀 알 것 같아요.

신나게 두드리니까, 난타!

공연의 제목을 정하는 방법은 여러 가지가 있습니다. 그중 가장 널리 쓰이는 방법은 주인공의 이름이나 그가 처한 상황을 제목으로 짓는 것입니다. 뮤지컬 〈몽테크리스토 백작〉이나 〈모차르트〉는 주인공의 이름으로 공연의 제목을 정한 것이고, 〈오페라의 유령〉은 주인공이 처한 상황으로 공연의 제목을 정한 것이었습니다. 또, 공연의 특징으로 제목을 만들 수도 있는데 고양이들이 공연의 주인공이라는 것을 제목으로 내세운 뮤지컬 〈캣츠〉는 단번에 사람들의 주목을 받는 데 성공했습니다. 이밖에도 뮤지컬 〈시카고〉처럼 사건의 배경이 되는 도시나 장소를 공연의 제목으로 삼기도 합니다.

"부엌 놀이라고 하면 어떨까?"

"별로야. 소꿉장난도 아니고······."

나와 회사 직원들은 작품의 제목을 정하기 위해 고민했습니다. 제목은 작품의 개성을 확실하게 나타내 주어야 합니다. 아무리 잘 만든 작품이라도 제목이 시시하면 사람들의 관심을 끌지 못합니다.

우리 회사 직원들은 100여 개가 넘는 제목을 나에게 내놓았습니다. 하지만 마음에 쏙 드는 것을 발견하지 못한 나는 아무렇게나 제목을 정할 수는 없는 노릇이었기에 답답했습니다.

"신나게 두드리다는 뜻의 '난타'는 어때?"

"그거 멋있는데!"

"그래, 바로 그거야! 대한민국의 문화로 세계를 난타하다!"

마침내 우리들은 공연의 제목을 정할 수 있었습니다. 우리 공연의 제목은 신나게 두드려 무아지경에 이른다는 뜻을 가지고 있는 〈난타〉였습니다. 우리 모두는 공연의 주제도 확실히 나타내 주고 개성도 느껴지는 〈난타〉라는 이름에 만족했어요.

〈난타〉로 작품의 이름을 정한 후 내용을 구성하기 시작했습니다. 공연을 하려면 부엌의 소리에 사물놀이의 리듬을 입히는 것 이상의 구체적인 내용이 필요했기 때문입니다.

처음에는 중국집 주방에서 일어나는 이야기로 공연의 내용을 꾸미려고 했습니다. 그래서 나는 평소 자주 가던 중국집 주인에게 특별히 부탁해서 우리 회사 직원 몇 명을 중국집에 한 달 내내 출근시켰습니다.

우리 회사 직원들이 중국집에서 확실히 익혀야 할 기술은 자장면 가락을 만드는 것이었어요. 둥그스름한 밀가루 반죽이 엿가락처럼 쭉쭉 늘어지면서 얇고 긴 면발로 변해가는 과정은 탄성을 내지를 만큼 신기했습니다. 하지만 보기와는 달리 자장면 가락을 만드는 일은 결코 쉽지 않았습니다. 중국집에서는 잘되다가도 연습실로 돌아와 자장면 가락을 만들다 보면 중간에 툭툭 끊어지기 일쑤였어요. 연습에서는 이러한 실수가 용납되지만 실제 무대 위에서는 절대로 있을 수 없는 일이었죠. 나중에 알고 보니 자장면 가락을 손수 만드는 일은 경력이 많은 중국집 주방장이라고 해도 쉽게 선보일 수 없는 기술이랍니다. 또 기술을 아무리 잘 익혀도 주변의 온도나 습도가 맞지 않으면 실패할 확률이 높다고 해요. 결국 우리는 자장면 가락을 만들기 위해 연습한 밀가루 반죽으로 수제비만 질리도록 끓여 먹고는 중국집 에피소드를 포기할 수밖에 없었습니다.

"가족의 저녁 식사가 만들어지는 상황을 공연하면 어떨까?"

"무엇인가 특별한 일이 일어나는 상황이 더 재미있을 것 같아."

"그러면 결혼식 피로연 음식을 준비하면서 일어나는 일로 공연하자!"

우리는 일상적인 음식을 준비하는 부엌보다는 무엇인가 근사한 음식이 만들어지는 에피소드를 공연으로 만들고 싶었습니다. 그렇게 해서 네 명의 요리사가 결혼식 음식을 준비하기 위해 부엌에서 벌이는 에피소드라는 큰 줄거리가 만들어졌어요.

 에피소드가 뭐지요?

 채빈이는 상상력이 뛰어난데 단어에 약점이 있구나. 머릿

속에 있는 것을 표현하려면 많은 단어를 알고 있는 것이 좋아. 그래야 다른 사람들이 네 생각을 알 수 있으니까 말이야.

'에피소드'란 하나의 사건이 일어나는 단위를 말하는 것이야. 비슷한 말로 '꽁트'라는 말도 있는데, 이것은 짧은 사건이나 이야기를 말하는 것이니까 조금 다르게 쓰이지.

머릿속에 있는 것을 말하려면 많은 단어를 알아야 한다라…… 그동안 친구들에게 내가 무엇을 생각했는지를 잘 안 알려줘서 놀랐을지도 모르겠네요. 이제 친절히 설명해 줘야겠어요.

채빈이는 상상력 못지않게 이해력도 좋아서 금방 친구들에게 사랑받을 수 있을 거야.

처음에는 한국, 일본, 중국, 미국의 요리사를 등장인물로 정했습니다. 하지만 우리나라 고유의 사물놀이라는 리듬을 노란 머리의 미국인이 표현하는 것은 왠지 어울리지 않았어요. 그래서 우리는 한국 국적의 요리사만 등장하는 것으로 다시 생각을 바꿨습니다.

우여곡절 끝에 최종적으로 만든 〈난타〉의 줄거리는 이러했습니다. 어느 날 심술궂은 지배인은 예고도 없이 네 명의 요리사에게 오늘 저녁 6시까지 결혼식 피로연에 쓸 음식을 만들어 놓으라고 으름장을 놓습니다. 처음에 네 명의 요리사는 허둥지둥 무척 당황을 하며 다툼을 벌이죠. 하지만 결국 네 명의 요리사는 서로 협력하여 온갖 아이디어로 지배인이 명령한 음식을 완성하고 행복한 결혼식을 무사히 치러냅니다.

세세한 줄거리를 완성한 후, 〈난타〉를 보는 관객들도 공연에 적극적으로 참여하면 더욱 재미있을 것이라고 생각했습니다. 그래서 관객들이 무대 위로 올라와 만두를 쌓아 올리는 경쟁을 하고 이긴 사람에게 맛있게 요리된 불고기를 맛보여 주기로 했습니다. 또, 남자와 여자 관객을 뽑아서 전통 혼례를 올려 주자는 아이디어를 내놓기도 했습니다.

 칼로 열심히 도마를 치다가 도마가 옆으로 튀어서 냄비를 때리고, 냄비가 옆으로 넘어지면서 호박을 굴리고, 호박이 굴러서 그릇을 차례로 건드리며 실로폰 소리 같은 게 나도 재미있겠는데요?

 상상력이 좋으니 금방 에피소드를 만드는구나. 이런 줄거리를 만드는 것뿐만 아니라 어떤 일을 하든지 상상력이 매우 중요하단다.

괴짜 배우를 찾습니다

제목을 〈난타〉로 정하고 공연의 구체적인 내용까지 완성시킨 후 드디어 본격적인 제작에 들어가기로 했습니다. 제작을 하기 위해서 우리가 제일 먼저 해야 할 일은 공연할 배우를 찾는 일이었습니다.

"유명한 배우를 쓰지 않아도 괜찮을까요?"

"〈난타〉 같은 새로운 공연에는 신인 배우가 좋을 것 같아."

배우를 뽑기 전에 우리는 많은 고민을 했습니다. 인기가 많은 배우를 〈난타〉에 출연시킨다면 자연히 〈난타〉를 많은 사람들에게 알릴 수 있습니다. 하지만 과연 기존 공연 방법에 길들여진 배우가 〈난타〉 같은 새로운 형식의 공연에 적응할 수 있을지 의문이 들었어요.

또한 말 대신 주방 기구를 치고 박고 두드려야 하는 〈난타〉는 굉장한 에너지를 필요로 했는데 이러한 힘은 신인 배우에게 더 많다고 생각했습니다. 결국 우리는 연기 경력이 부족하더라도 열정이 가득한 신인 배우를 찾기로 했습니다.

1997년 봄, 드디어 〈난타〉에 출연할 배우들을 뽑는 오디션이 시작되었습니다. 〈난타〉의 오디션장 이곳저곳에 냄비나 프라이팬, 주전자, 밥그릇 등이 잔뜩 늘어져 있었습니다.

"아니! 힘들게 오디션을 보러 왔는데 장난하시는 겁니까?"

"저는 이런 주방 기구나 두드리려고 배우가 된 것이 아닙니다."

우리의 예상대로 오디션을 보러온 많은 사람들은 대본이 없다는 사실에 어리둥절해했습니다. 잔뜩 기대를 하고 왔는데 주방 기구나 두드려야 한다는 사실에 실망한 몇몇 사람들은 화를 내기까지 했어요. 또 조심스럽게 밥그릇을 몇 번 두드리다가 인사도 없이 그냥 나가버리는 사람도 있었습니다. 하지만 우리는 〈난타〉 공연에 꼭 적합한 배우가 있을 것이라는 믿음으로 긴 오디션을 계속 진행했습니다.

오디션이 거의 끝나갈 무렵 체구가 몹시 작은 여자 한 명이 나타났어요. 여자는 수줍은 듯 앳된 표정으로 심사 위원에게 인사를 건넸습니다. 여자의 인상은 매우 좋았지만 큰 에너지를 필요로 하는 〈난타〉에는 적합하지 않을 것 같아서 큰 기대를 하지 않았습니다. 하지만 여자는 갑자기 괴성을 지르며 공연장을 뛰어다니기 시작했어요. 그리고는 있는 힘을 다해 냄비며 밥그릇을 정신없이 두드렸습니다.

너무나도 열정적인 여자의 연기에 우리는 넋을 잃었습니다. 마지막 장면에서 심사 위원 모두 웃음을 터뜨리고 말았는데 여자가 자신의 머리로 천장에 매달려 있던 프라이팬을 두드렸기 때문이었죠.

"제 이름은 서추자입니다! 연기 경력은 없지만 꼭 〈난타〉에 출연하고 싶습니다!"

"스스로를 난타하는 게 정말 마음에 드는군요. 꼭 〈난타〉를 위해 나타난 배우 같아요."

결국 서추자는 만장일치로 오디션에 뽑혔으며 나중에는 〈난타〉

여배우로 명성을 날리게 되죠. 이밖에도 몇몇 사람들이 〈난타〉의 배우로 뽑혔는데 그중에는 현재 영화배우로 더욱 활발한 활동을 벌이고 있는 류승룡도 있었습니다.

당시 〈난타〉의 배우들은 거의 연기 경력이 없거나 이름이 알려지지 않은 무명 배우들이었습니다. 하지만 우리는 안심하고 배우들에게 〈난타〉를 맡길 수 있었어요. 모두 하나같이 넘치는 개성과 자신감, 열정을 가지고 있었기 때문이죠.

정말 대단한 배우들이 많이 있네요. 어떻게 그렇게 연기를 할 수 있었죠?

배우들이 오디션을 볼 때, 실제 공연이 이루어지는 것을 상상했기 때문에 그런 에너지를 발휘할 수 있었던 거야. 실제로 이루어질 것이라고 믿는 상상의 힘은 사람을 기운 나게 만든단다.

우리는 귀신이 아니에요

"아주머니! 냄비 5천 개, 밥그릇 만 개, 칼 4천 개, 도마 천 개, 프라이팬 천 개만 주세요."

"어마어마한 식당을 여나봐!"

"그럼요! 지금 우리들은 세상에서 제일 큰 부엌을 만들고 있어요."

우리는 도매시장을 돌아다니며 주방 용품을 산더미처럼 사왔습니다. 당시 〈난타〉 제작진은 여러 시장을 찾아 헤매야 했는데 우리가 사려는 주방 용품이 너무 많았기 때문이었어요.

우리는 시장에서 사온 주방 기구를 매일매일 두드려 보았습니다. 같은 그릇이라고 해도 생김새와 모양에 따라 소리가 모두 달랐기 때문입니다. 플라스틱으로 만들어진 그릇은 가볍게 튀는 소리를 냈고 투박한 사기로 만들어진 그릇은 묵직하고 깊은 소리를 냈어요.

우리는 공연에 제일 적당한 소리를 내는 주방 용품을 찾기 위해서 그릇이나 냄비를 일일이 두드려 보는 작업을 멈출 수 없었습니다. 그리고 결국 두 달가량 밤잠을 설쳐가며 소리를 찾는 데 열중한 우리들은 간신히 〈난타〉에 사용될 주방 기구들을 고를 수 있었습니다.

하지만 산 넘어 산이라고 더 어려운 문제가 우리를 기다리고 있었습니다. 부엌의 소리로만 사물놀이의 리듬을 표현해내야 했던 거죠. 장단을 알고 있다고 해도 그것을 북이나 꽹과리도 아닌 주방기기로 멋들어지게 연주하기란 여간 어려운 일이 아니었습니다. 쉬지 않고 내내 연습을 했지만 사물놀이의 흥겨운 리듬으로 들리지 않고 귀가 아픈 소음으로만 들렸습니다.

"선생님, 저희 배우들이 주방 기구로 사물놀이를 신나게 연주할 수 있는 방법이 없을까요?"

"배우들을 사물놀이 학교로 보내세요."

나는 이대로는 도저히 안 되겠다 싶은 마음에 사물놀이의 달인, 김덕수 선생님께 도움을 요청했습니다. 〈난타〉라는 공연에 대한 설명을 들으신 김덕수 선생님께서는 다행스럽게도 흔쾌히 배우들에게 사물놀이를 가르쳐 주시겠다고 했습니다.

"우와! 지금 중중모리장단 친 것이지!"

"이제 제법 신나는 소리가 나는데!"

배우를 비롯하여 모든 스텝들이 김덕수 선생님의 사물놀이 학교에 갔습니다. 그리하여 한 달여 동안 집에도 가지 않고 밤낮 없는 연습에 몰두한 우리들은 드디어 주방 기구로 사물놀이 장단의 신명을 표현해낼 수 있었습니다.

우리들은 사물놀이 학교에서 나온 후에도 열심히 연습을 했습니다. 우리 사무실 앞에는 매일 깨진 그릇이나 구멍 난 냄비들이 한 가득 쌓였고 닳거나 부러져서 버려진 칼들만 1만 6천 개가 넘었습니다.

"우리 회사 배우들이 이 강당을 연습실로 사용하면 어떨까?"

"그래, 편하게 사용해."

어느 날 나는 PMC 프로덕션을 함께 설립한 친구인 이광호 대표의 아버지가 운영하는 충남방적을 방문하였습니다. 충남방적 건물 안을 이곳저곳 돌아보던 중 넓은 강당을 발견하였습니다. 널찍하게 탁 트인 공간을 보고 입이 떡 벌어진 나는 이광호 대표에게 〈난타〉를 준비하기 위한 연습실로 사용하면 안성맞춤일 것만 같다며 이곳을 사용하게 해달라고 부탁했어요.

〈난타〉 제작진은 강당에 있던 의자들을 모조리 치웠습니다. 그리고 바닥에 장판을 깔고 한쪽 벽면을 유리로 만들어 허름했던 강당을 남부럽지 않은 연습실로 탈바꿈시켰습니다.

연습실이 생겼지만 우리는 올빼미족처럼 매일같이 밤이 되어서야 연습을 시작했습니다. 우리가 특별히 야행성이라서 밤에 활동했던 것은 아니었어요. 냄비를 두드리는 소리, 칼질하는 소리가 너무 시끄러워 다른 사람들에게 방해되지 않도록 하기 위해서였어요.

우리가 매일 밤샘 연습을 하고 집으로 돌아갈 때쯤이면 충남방적의 사원들이 하나 둘씩 출근을 하기 시작했습니다.

"어머머! 깜짝이야!"

때때로 부스스한 머리에 퀭한 눈을 하고 있는 우리와 마주친 충남방적 사원들은 하나같이 귀신을 본 듯 놀라곤 했습니다. 당시 우리는 정말 귀신이었을지도 모릅니다. 〈난타〉에 홀린 귀신말이죠!

 아저씨가 왜 이 이야기를 해주시는지 알 것 같아요.

 그래? 한 번 이야기해볼래?

 상상에서 그치는 것이 아니라 실제로 노력도 해야 한다는 말이죠? 〈난타〉를 공연하기 위해서 배우들이 그렇게 열심히 연습하고 노력했던 것처럼 말이죠.

 맞았어. 채빈이도 머릿속으로 상상만 하지 말고, 그림으로 그리고 글도 쓰고, 실제로 해볼 수 있는 것은 열심히 해보는 거야. 그러면 상상했던 것을 실제로 이룰 수 있지.

난타를 만든 공연 기획자, 송승환

공연장 문이 부서지면 대성공이래

호암아트홀은 우리나라에서 무대 시설이 가장 잘 갖추어져 있는 공연장에 속합니다. 난 최고의 환경에서 공연을 펼치고 싶었기 때문에 호암아트홀의 공연장을 빌리기로 했습니다.

"무슨 공연에 대본이 없습니까?"

"일단 한번 저희 연습실에 오시면 알게 되실 겁니다."

"알겠습니다. 하지만 작품성을 증명하지 못하시면 저희 공연장을 빌려 드릴 수 없습니다."

호암아트홀에서는 일정한 수준 이상의 작품만 무대에 올린다는 확고한 원칙이 있었습니다. 따라서 호암아트홀의 공연장을 빌리려면 공연의 내용이나 수준을 미리 짐작할 수 있도록 대본을 제출해야 했습니다. 하지만 난타에는 대사가 없었기 때문에 호암아트홀에 제출할 대본이 없었죠. 나는 고심 끝에 호암아트홀 관계자를 연습실로 초대했습니다. 공연에 대사가 없는 이유를 말로 백 번 설명하는 것보다는 한 번 보여주는 것이 더 쉬울 것이라고 생각했기 때문이었죠.

"이런 형식의 공연은 처음 봅니다. 하지만 대사가 없어도 이야기가 잘 전달되는군요."

사실 외부인에게 우리의 공연을 보여주는 것은 처음이었기 때문에 제작진은 많은 긴장을 했습니다. 하지만 다행히도 연습 공연을 본 호암아트홀의 관계자는 대단한 감동을 받은 것처럼 보였고 더 이상 대본을 달라고 하지 않았습니다.

1997년 10월 10일, 드디어 〈난타〉의 첫 공연이 시작되었습니다. 하지만 표는 거의 팔리지 않았습니다. 〈난타〉에는 유명한 배우도 나오지 않았고 널리 알려진 희곡도 아니었기 때문이죠.

하지만 우리는 작품성에 대해 자신감이 넘쳤습니다. 우리는 일단 〈난타〉를 보면 사람들의 생각이 달라질 거라는 생각으로 온

라인 연극 동호회 회원들에게 무료 티켓을 나누어 주었습니다.

'〈난타〉 완전 대박이에요! 〈난타〉 강력추천!'

이 방법은 효과가 매우 좋았는데, 공연을 보고 온 사람들이 〈난타〉에 대해 입에 침이 마르도록 칭찬을 해주었기 때문입니다. 그리고 이런 소문 때문인지 하루가 다르게 관객이 늘어 갔습니다.

"공연장에서 휴대전화를 켜 놓아도 된다고?"

"음식을 먹어도 상관없대!"

"아기가 울어도 되고 소리를 질러도 된다던데?"

"도대체 어떤 공연이지? 정말 궁금하네!"

우리는 대다수의 공연장에서는 금지하는 일들을 허용한다는 주의사항을 공연장 앞에 써 붙였는데, 이것을 본 사람들은 무척 재미있어 했습니다.

사실 〈난타〉는 엄청난 소리와 리듬이 어우러진 공연이기 때문에 휴대전화가 울려도 아기가 울어도 상관없었던 거죠. 그리고 부엌에서 음식을 다루는 내용이니 굳이 음식물의 반입을 금지할 필요도 없었어요. 또한 조용히 감상하는 관객보다는 크게 소리를 지르며 환호하는 관객이 공연을 더욱 즐겁게 만들어주기 때문에 좋았습니다.

"대표님! 유리문이 깨졌어요!!"

스텝 한 명이 내게 달려와 다급한 목소리로 외쳤습니다. 놀란 내가 급히 나가보니 〈난타〉를 보러온 수많은 사람에 밀려서 입구의 유리문이 깨져버린 것이었어요. 다행히 다친 사람은 하나도 없었습니다.

공연 관계자들 사이에서는 공연장 문이 부서지면 그 공연은 대성공을 거둔다는 속설이 있습니다. 공연을 보러 온 관객들의 끊임없는 줄을 보며 앞으로 〈난타〉가 이보다 더 엄청난 성공을 거둘 것 같다는 예감이 들었습니다.

나는 〈난타〉를 기획하면서 사람들에게 큰소리쳤지만 내심 한편으로는 새로운 형식의 공연을 관객들이 과연 이해할 수 있을지 걱정이 되었습니다. 하지만 관객들은 〈난타〉의 재미를 대번에 알아차렸고 내 걱정은 쓸데없는 것이 되었어요.

공연을 만드는 사람보다 보는 관객의 눈이 더 정확하다는 것을 저는 알았습니다. 유명한 배우를 캐스팅하고 홍보를 요란하게 해도 형편없는 수준의 공연이라면 결코 성공할 수 없습니다. 하

지만 〈난타〉처럼 조금 색다르다고 해도 만드는 사람의 진지한 열정이 담긴 공연이라면 반드시 성공할 수 있다고 확신합니다.

 대단해요. 상상에 실행을 더해서 성공까지 이루었네요.

 채빈이의 말솜씨가 많이 좋아졌는데? 지금 한 말을 공식으로 만들어볼까? '상상 + 실행 = 성공'이니까 I + E = S 라고 부르자. Imagination + Excute = Succecc니까 말이야. 이걸 채빈이의 공식이라고 부르는 게 어때?

 고마워요, 아저씨. 저도 I + E = S 공식을 이용해서 친구들에게 제 생각을 당당하게 말하고, 상상력을 더욱더 키워서 훌륭한 사람이 될 게요.

 그래. 아저씨랑 약속하는 거다.

 약속!

4장

미래를 준비하는 문화 CEO, 송승환

저는 채빈이와는 반대로 상상력이 없는 것 같아요. 공부는 잘하는데 이야기를 꾸며서 말하라고 하면 전혀 못하겠어요.

바다는 장래 희망이 뭐야?

저는 상상력은 없지만, 공연을 보는 것도 좋아하고 문화를 사랑하기 때문에 문화 홍보 전문가가 되고 싶어요.

아주 훌륭한 꿈인걸. 그런데 문화 홍보 전문가도 많은 상상력과 창의력이 필요한 분야야. 그래도 걱정할 것은 하나도 없어. 바다도 이미 많은 상상력과 창의력을 가지고 있으니까 말이야. 이제부터 내 이야기를 들어볼래?

한국에도 공연이 있나요?

"〈난타〉의 흥행 비결을 뭐라고 생각하시나요?"

"저희 방송국에서는 〈난타〉를 다큐멘터리로 찍고 싶습니다!"

첫 공연을 시작하고 2주 후부터 난타는 매진에 매진 행렬을 이어 나갔습니다. 신문에서는 매일 〈난타〉의 성공 기사가 쏟아져 나왔고 텔레비전에서도 끊임없이 공연을 촬영하러 왔습니다.

애초에 〈난타〉는 호암아트홀 공연 이후의 스케줄은 없었어요. 하지만 흥행 돌풍 덕분에 동숭아트센터에서 서울 앙코르 공연을 요청해 왔으며 지방의 여러 곳에서도 공연에 대한 문의가 빗발쳤습니다.

결국 호암아트홀에서 처음 공연한 후, 동숭아트센터에서의 서울 앙코르 공연까지 성공적으로 마친 우리는 전국 순회공연을 떠났고 지방에서의 반응 역시 폭발적이었어요.

나는 우리나라 사람들이 〈난타〉에 보이는 엄청난 관심을 보며 한 가지 사실을 깨달았습니다. 지금까지 나는 우리나라 사람들이 외국인들에 비해 공연 문화에 대한 관심이 적다고 생각했었어요. 하지만 좋은 공연이 없어서 관심을 보이지 않았던 것일 뿐 우리나라 사람들은 그 어느 민족보다 공연을 즐길 줄 아는 사람들이었습니다.

사람들이 난타에 대해 보여준 뜨거운 관심으로 자신감을 얻은 나는 외국의 공연 관계자에게도 〈난타〉의 우수성을 쉽게 설득할 수 있을 것이라고 생각했습니다. 그리하여 1998년 봄, 나는 〈난타〉를 해외로 수출하기 위해 배낭 하나만 달랑 짊어지고 무작정 일본, 프랑스, 미국, 영국으로 떠났습니다.

"한국에서 흥행했다고 일본에서 성공하리라는 보장은 없는 것 같아요. 다음에 연락드리겠습니다."

"죄송합니다. 프랑스 사람들은 한국을 잘 모르기 때문에 한국의 공연에 대해 아직 관심이 없습니다."

"미국의 무대에서는 세계 최고의 작품들이 공연되고 있습니다. 하지만 우리는 솔직히 〈난타〉가 어느 정도 수준인지 잘 모르겠습니다."

나는 우선 한국과 가장 가깝고 문화도 비슷한 일본으로 갔습니다. 일본은 아시아에서 가장 큰 공연 시장을 가지고 있었기 때문에 나는 큰 기대를 했어요. 하지만 한국에서의 흥행 성적만으로는 공연을 진행하기 어렵다는 반응뿐이었습니다. 일본 다음으로 방문한 프랑스 역시 한국 문화에 대해 잘 알지 못한다는 이유로 공연을 거절당했습니다. 세 번째로 간 미국에서는 권위 있는 상을 탔거나 유명한 제작자가 만든 공연이 아니면 곤란하다는 답변만을 얻었습니다.

자신만만했던 내 예상과는 달리 외국에서 〈난타〉에 대한 반응은 그리 좋지 않았어요. 하지만 나는 마지막 여행지인 영국의 런던에 희망을 걸고 있었어요. 왜냐하면 이곳에서 〈리버댄스〉라는 유명한 공연을 만든 제작자를 만날 수 있는 기회를 잡았기 때문이죠.

"한국에도 공연이란 것이 있나요?"

〈리버댄스〉의 제작자와 인사를 나눈 뒤 내가 들은 첫 마디였습니다. 나는 순간 내 귀를 의심하며 그가 농담을 하는 것이라고 생각했습니다. 하지만 그 제작자는 매우 태연한 얼굴로 나의 답변을 기다리고 있었어요.

"물론입니다. 한국에서는 공연뿐만 아니라 영화도 만들고 있습니다."

나의 대답에 오히려 그 제작자가 놀란 눈치였습니다. 답답해진 나는 그에게 도대체 한국에 대해 알고 있는 것이 무엇이냐고 물었습니다.

그 제작자가 대답했습니다.

"남한, 북한, 판문점."

"……"

우리나라를 아직도 1950년대의 분단국가로만 기억하는 그의 대답에 우리나라가 선진국에 가깝게 발전했다고 생각했던 나는 커다란 충격을 받았습니다. 그리고 결국 〈난타〉를 해외에 팔기는커녕 좌절감만 얻은 채 한국으로 돌아와야 했습니다.

〈난타〉를 해외로 수출하기 위해 돌아다니면서 나라의 좋은 이미지를 만드는 것이 대단히 중요하다는 교훈을 얻었습니다. 예를 들어 영국은 예의 바른 신사의 나라, 미국은 자유로운 개성이 넘치는 나라, 프랑스는 창조적인 예술의 나라라는 이미지가 있었습니다. 그 덕분에 이 나라들에 가보지 않은 사람이라고 해도 그 나라에 대해 높은 관심과 흥미를 가지고 있었습니다.

　하지만 우리나라는 기억에 남는 이미지를 갖고 있지 못했기 때문에 세계의 사람들이 한국이라는 나라에 대해 알고 있는 것이 거의 없었습니다. 그래서 아무리 작품성이 뛰어나다고 해도 한국의 공연이라고 하면 크게 흥미를 느끼지 못했습니다.

　나는 〈난타〉를 비롯하여 앞으로 만들어질 우리나라의 공연과 세계의 경쟁 속으로 뛰어들 젊은이들을 위해서라도 나라의 이미지를 좋게 만들어야 한다고 생각했습니다.

 어쩌면 그럴 수가 있죠? 우리나라의 브랜드 마케팅이 전혀 안 되어 있었던 거군요.

 공부를 잘한다더니 대단한데? 브랜드 마케팅이란 어려운 단어도 알고 말이야.

 제가 퀴즈 프로그램을 좋아해서 거기에서 들었어요.

 그래, 어떤 상표나 이름을 알리는 것을 브랜드 마케팅이라고 하지. 그때까지 한국이란 이름과 한국의 문화를 세계에 알리려는 적극적인 노력이 부족했었지.

# 세계로 나갈 준비는 착착!

나는 〈난타〉를 세계적인 공연으로 만들겠다는 꿈을 결코 포기할 수 없었습니다. 〈난타〉 자체로는 외국의 공연과 견주어도 전혀 뒤쳐지지 않는다고 생각했기 때문이죠. 하지만 시간이 하루하루 지날수록 마음이 새까맣게 타들어가는 것 같았어요. 왜냐하면 아무리 생각해도 〈난타〉를 해외에 소개할 수 있는 좋은 방법이 떠오르지 않았기 때문이죠. 그렇다고 이렇게 무작정 기다리다가는 세계 사람들에게 선보이기도 전에 〈난타〉라는 공연이 사라질 것만 같았습니다.

"〈난타〉를 외국에 알릴 수 있는 방법이 정말 없는 걸까?"

"거꾸로 알아보는 게 어때?"

"거꾸로? 그게 무슨 소리야?"

"브로드웨이 공연을 우리나라에 소개해 주는 회사가 있을 것 아니야. 그 회사에 거꾸로 우리나라의 작품인 〈난타〉를 브로드웨이에 소개해 달라고 해봐."

뜻이 있는 곳에 길이 있다는 말처럼 결국 방법을 찾아냈습니다. 〈캣츠〉나 〈스텀프〉 등의 브로드웨이 작품을 우리나라에 소개해주는 외국 회사인 '브로드웨이 아시아'가 있다는 말을 듣게 된 나는 그 회사를 통해 해외 진출을 이루겠다고 생각했습니다.

"한국에서 만든 창작 공연물, 〈난타〉를 브로드웨이에 진출시키려고 합니다. 저희 공연을 한 번 보러와 주시겠습니까?"

우리는 뉴욕에 있는 브로드웨이 아시아의 관계자들을 한국으로 초청했습니다. 처음에는 반신반의하며 〈난타〉의 작품성에 의문을 품고 있던 브로드웨이 아시아 관계자들도 〈난타〉에 퍽 만족한 것 같았습니다.

 어때? 우리 공연을 알리는 홍보에도 창의력이 발휘되었지?

 엇? 어떤 부분이죠?

 우리가 직접 해외에 알리는 대신 해외 작품을 우리나라에 소개하는 회사에 연락한 것도 창의력이지. 거꾸로 생각한 것이니까. 창의력은 이렇게 사실을 한 번 뒤집어 볼 때도 발휘된단다.

 아, 그렇구나.

"〈난타〉는 작품성이 뛰어나기 때문에 해외에서 성공할 가능성은 충분한 것 같군요. 하지만 우선 세계적인 연극제에 나가서 인정을 받으셔야 합니다."

브로드웨이 아시아는 해외 진출을 돕겠다고 했어요. 하지만 한 가지 결정적인 조건을 붙였는데, 그것은 바로 세계적인 연극제에 나가서 실력을 증명해 내는 일이었습니다. 그들이 이와 같은 조건을 붙인 이유는 〈난타〉의 한국 흥행 성적만으로는 외국의 공연 관계자들을 설득하기가 힘들기 때문이었죠. 하지만 〈난타〉

를 적극적으로 홍보할 만한 유명세만 있다면 브로드웨이에 진출하는 것은 꿈이 아닌 현실이 될 것이라고 했습니다.

브로드웨이 아시아에서도 무작정 찾아갔던 일본, 프랑스, 미국, 영국의 공연 관계자에게 들었던 말과 비슷한 소리를 들었어요. 하지만 브로드웨이 아시아는 우리에게 충분한 가능성이 있다는 희망을 주었고 나는 그 기회를 결코 놓치지 않겠다고 생각했죠. 또 브로드웨이 아시아에서는 〈난타〉가 해외에서 성공하려면 작품의 내용을 조금 수정해야 한다고 했습니다. 그래서 우리 제작진과 브로드웨이 아시아는 공연에 대해 매일같이 의논하며 내용을 다듬어 갔습니다. 특히, 새롭게 꾸며진 〈난타〉에는 사람들에게 웃음을 줄 수 있는 장면이 많이 보충되었는데, 외국에서는 공연을 볼 때 유머를 아주 중요하게 생각하기 때문이었어요.

"왜 우리가 저 사람들의 말에 따라서 공연의 내용을 바꿔야 합니까?"

"우리보다 세계의 공연 무대를 지휘한 경험이 많은 저들의 말에도 옳은 점은 있어."

"그래, 배울 점이라고 생각되는 것은 받아들여서 성공적인 작

품을 만들자!"

제작진 중에는 공연 내용을 수정하는 것에 대해 못마땅하게 생각하는 사람들도 많이 있었어요. 하지만 결국 우리는 공연의 개성은 지키되 옳은 것은 받아들이자는 쪽으로 의견을 모아 더욱 멋진 〈난타〉를 만들 수 있었던 거죠.

"외국에서 난타를 공연할 때는 영어식 이름이 필요할 것 같아요."

"〈난타〉를 쿠킨(Cookin)으로 부릅시다!"

우리는 〈난타〉의 새로운 영어식 이름에 대해 고민해야 했습니다. 난타라는 말은 한자어라서 아시아 사람들에게는 이해가 쉽게 되지만, 영어를 쓰는 외국 사람들에게는 어렵게 느껴졌기 때문입니다.

결국 〈난타〉의 또 다른 이름을 '쿠킨'이라고 정했습니다. 쿠킨이라는 말은 요리를 한다는 뜻이 '쿠킹(Cooking)'의 줄임말이기도 했고, '몰입한다'는 고유의 뜻도 가지고 있었습니다. 그렇기 때문에 외국 사람들은 〈쿠킨〉이라는 제목을 통해 부엌에서 요리를 하며 신나게 주방 기기들을 두드리는 공연의 내용을 쉽게 떠올릴 수 있었던 거죠.

 창의력에 대한 두 번째 힌트가 이 이야기에 있지.

 이번에는 알 것 같아요.

 한 번 이야기해 볼래?

 창의력에는 다른 사람의 의견을 받아들여 내 것으로 만드는 능력도 포함된다는 것이죠? 아저씨가 브로드웨이 아시아의 의견을 받아들인 것처럼 말이죠.

 정확하게 맞았어. 역시 바다도 머릿속에 창의력이 숨어 있다니까.

짝짝짝, 에딘버러의 기립 박수

'영국에서 인정받은 공연은 세계 어느 나라에서든 성공할 수 있다.'

세계 최고의 극작가인 셰익스피어가 태어난 나라답게 영국에서는 매일 많은 공연들이 열리는데 하나같이 수준이 뛰어났습니다. 그리고 이러한 공연 문화 속에서 자라난 영국의 관객들은 작품을 보는 눈이 까다로워서 그들에게 인정을 받으면 어디에서나 성공할 수 있다고들 말합니다.

영국의 '에딘버러 연극제'는 매년 8월에 에딘버러에서 3주간 열리는 세계 최고의 문화 예술 축제로 기네스북에 기록될 만큼 유명합니다. 평소 에딘버러는 조그맣고 조용한 도시지만 연극제가 열리는 시기가 되면 까다로운 영국의 관객들은 물론이요, 공연을 좋아하는 세계 각지의 관광객들로 발을 디딜 틈이 없어지죠.

브로드웨이 아시아는 우리에게 에딘버러 연극제에 참여할 것을 권유하면서 〈난타〉가 이번 에딘버러 연극제의 주인공이 되어야 한다는 사실을 여러 번 강조했습니다.

"〈난타〉가 이번 에딘버러 연극제에 참여하게 됐다! 그런데 우리는 단순히 참여만 하는 것이 아니라 가장 유명한 공연이 되어야 한다!"

이번 기회를 살리지 못하면 해외 진출 기회는 말 그대로 물거품처럼 사라져버리기 때문에 우리는 각오를 단단히 하고 에딘버러로 떠나야 했습니다. 당시에는 회사 형편이 여유롭지 않았기 때문에 연극제에 참여하는 여행 경비를 간신히 마련한 상태였고 에딘버러 연극제에 참석하는 한 달여 동안 〈난타〉 제작진의 월급을 한 푼도 줄 수 없었어요. 하지만 〈난타〉의 성공을 위해 한마음으로 똘똘 뭉쳐 있던 우리들은 누구 하나 싫은 내색을 보이지 않았습니다.

1999년 에딘버러 연극제에 참여한 공연팀은 총 1,260팀이었습니다. 공연을 좋아하는 관객 입장에서는 에딘버러가 천국과도 같은 곳이었겠지만 치열한 경쟁에서 살아남아야 하는 우리들에게는 얼음장처럼 살벌한 곳이었어요.

다른 팀은 화려한 무대를 꾸며서 자신들의 작품을 사람들에게 홍보했습니다. 하지만 돈이 많지 않았던 우리는 하는 수 없이 가장 옛날부터 내려오는 홍보 방법을 썼는데, 그것이 내가 76극단의 단원으로 있을 때 늘 하던 포스터 붙이기였습니다.

"여기 가나 저기 가나 쿠킨(난타) 포스터밖에 안보여요!"

"이번 에딘버러 연극제에서는 쿠킨(난타)만 공연되나요?!"

우리가 에딘버러로 가져간 포스터는 새빨간 바탕에 요리사 복장을 한 4명의 사람들이 커다란 식칼을 들고 있는 사진이 인쇄된 매우 인상적인 모양새였습니다. 게다가 〈난타〉 홍보팀이 매일같이 부지런히 거리를 돌아다니며 곳곳에 포스터를 붙인 덕택에 에딘버러는 〈난타〉로 도배되었다는 우스갯소리까지 생겨났습니다.

"왜 이렇게 떨어? 추워서 그래?"

"아니요. 이번이 처음이자 마지막 기회라고 생각하니까 너무

긴장이 되어서요."

　에딘버러에서의 첫 공연이 시작되기 30분 전부터 우리 〈난타〉 팀은 서로 어깨동무를 하며 긴장을 풀고 있었습니다. 2년간의 모든 노력이 이 한순간에 달려 있다고 생각하니 아무리 거대한 강심장을 가지고 있어도 떨릴 수밖에 없었어요.

　"〈난타〉는 최고다!"

　막이 오르기 전에 우리는 간결한 이 한마디만을 외친 채 각자 공연에서 맡은 위치로 향했습니다. 무대 위에 선 배우들은 물론이고 무대 뒤에서 조명을 맡은 스텝, 의상을 돕는 스텝 등 모든 제작진의 얼굴에는 비장한 기운이 넘쳐흘렀어요.

　그때가 내 생애에서 가장 긴장된 순간이었습니다. 객석이 텅텅 비었으면 어쩌나 하는 마음에 식은땀이 등을 흠뻑 적실 정도였어요. 하지만 공연장 객석을 빈틈없이 채운 관객들을 보고 온몸에 전율을 느꼈습니다.

　"정말 멋져요! 보는 내내 소름이 끼쳤습니다!"

　"이렇게 정신을 쏙 빼 놓는 공연은 정말 처음입니다!"

　〈난타〉 공연이 끝나자 귀가 얼얼할 정도의 커다란 환호성이 이어졌습니다. 무대에서 그렇게 씩씩하게 연기하던 배우들과 묵묵히 최선을 다해 도와주던 스텝들 대부분이 눈물을 흘렸습니다. 그리고 나 또한 눈시울이 뜨거워지는 것을 막을 수 없었어요.

'성공적인 세계 무대 데뷔를 축하합니다.'

다음 날 나는 내 생애에서 가장 감동적인 꽃다발을 받았습니다. 그 꽃다발을 보낸 사람은 우리가 공연을 했던 에딘버러의 어셈블리홀 극장주였습니다. 그는 축하의 메시지와 함께 〈난타〉에 대해 평가한 신문을 보내 주었어요.

영국 최고의 명성을 자랑하는 「스코츠맨」, 「가디언」, 「이브닝 뉴스」 등의 신문 기사에는 〈난타〉에 대한 찬사와 함께 최고의 공연에게만 준다는 별 다섯 개(★★★★★)가 빼곡하게 박혀 있었습니다. 어젯밤 공연의 기립 박수가 신문 속에서도 끊임없이 이어지고 있었던 것이죠.

가장 전통적인 홍보 방법으로 성공했네요.

사람은 풍족할 때보다 부족할 때 아이디어가 솟아나는 법

이지. 돈이 부족하다고 아무것도 하지 않고 있을 수는 없잖아.

 창의력에 대해서 한 가지 더 배웠네요. 예전 것을 잊지 않고 다시 살려 쓰는 것. 이것도 창의력 아닌가요?

 하하! 맞았어. 바다는 공부하듯이 창의력도 하나씩 배워가는구나.

꿈에 그리던 브로드웨이로

"와! 또 매진이야?"

〈난타〉는 먼 이국의 땅 에딘버러에서 한국 공연의 역사를 새롭게 쓰고 있었습니다. 〈난타〉의 매표소에는 하루도 빠짐없이 매진이라는 뜻의 'SOLD OUT' 간판이 걸렸습니다. 그리고 〈난타〉 공연이 열리는 저녁 무렵이면 파란 눈과 색색의 머리카락을 가진 먼 이국의 사람들이 기대감에 부푼 표정으로 긴 줄을 서며 공연을 기다렸습니다.

"〈난타〉가 의미하는 것은 무엇이죠?"

"〈난타〉는 예술의 자유로움을 상징합니다."

국내에서 처음 공연되었을 때와 마찬가지로 〈난타〉는 에딘버러 연극제 내내 언론의 집중적인 관심을 받았습니다. 나는 하루에도 열두 번씩 해외 취재진의 빗발치는 인터뷰 요청을 들어줘야 했죠. 특히 일본의 대표 방송사 NHK는 한 달 내내 〈난타〉팀을 동행 취재하며 다큐멘터리로 만들기까지 했어요.

그리고 프로멕스라는 일본 공연 기획사와 최초로 해외 공연 계약을 맺기도 했습니다. 그밖에도 다른 여러 나라에서 〈난타〉의 해외 공연에 대해 많은 관심을 보였습니다.

이밖에도 많은 성과가 있었지만 무엇보다 우리를 뿌듯하게 만든 것은 세계 최고의 공연 잡지, 「리스트」에서 난타를 '1999년 에딘버러 10대 화제작'으로 선정한 사실이었습니다. 에딘버러 연극제의 화제작이 되는 것은 우리가 정한 애초의 목표였습니다.

〈난타〉를 공연했던 에딘버러의 어셈블리홀 극장주의 간곡한 부탁으로 우리 〈난타〉팀은 에딘버러 연극제가 끝난 후에도 유일하게 남아 4회 연장 공연을 했습니다.

"쿠킨(난타) 때문에 한국 문화에 대해 관심이 생겼어요."
"한국의 음식인 불고기는 정말 맛이 끝내주네요!"

연장 공연이 끝나는 마지막 날 우리는 아쉬움을 달래기 위해 불고기, 김밥, 김치 등 조촐한 음식을 차려 놓고 '한국의 날'이라는 기념 파티를 했습니다. 이 파티에서 영국인을 포함한 많은 외국인들이 〈난타〉 공연을 보고 나서 한국에 대해 큰 관심이 생겼다는 이야기를 털어놓기도 했어요.

"대단합니다! 이 정도로 놀라운 성과를 이끌어 낼 줄은 몰랐습니다! 이제 세계의 무대 중심에 서는 일만 남았군요."

우리에게 에든버러 연극제에 참여해 보라고 권유했던 브로드웨이 아시아도 성공을 축하해 주었습니다.

예상을 훨씬 뛰어넘는, 기대 이상의 성공에 우리 제작진 역시 매우 놀라며 기뻐하고 있었습니다. 하지만 최고 중의 최고만 설 수 있다는 브로드웨이 무대를 밟지 못했기 때문에 나는 아직 만족하지 못했습니다.

2001년 9월 4일, 〈난타〉팀은 보스턴에서 미국 순회공연의 대장정을 시작했습니다. 우리는 이번 순회공연에서 미국 관객의 반응을 우선 살펴본 후에 브로드웨이의 무대에 서기로 했습니다.

기대대로 미국 공연은 폭발적인 반응을 이끌어냈어요. 나는 기나긴 꿈이 실현될 날이 가까이 다가왔음을 느꼈습니다. 하지만 2001년 9월 11일 미국에서 일어난 쌍둥이 빌딩 테러로 혼란에 빠진 미국 상황 때문에 우리의 모든 공연 일정은 갑작스럽게 중단될 수밖에 없었어요.

뜻하지 않은 상황 때문에 또다시 오랫동안 준비해온 나의 꿈이 깨지는 듯했어요.

하지만 노력은 실망시키지 않는 법입니다. 2년이 지난 어느 날이었죠.

"혹시 뉴 빅토리 극장에 대해 알고 있니?"

"브로드웨이에서 가장 유명한 가족 극장이잖아!"

"우리가 바로 그 무대에 서게 되었어!"

2003년 9월, 〈난타〉는 브로드웨이에서 당당히 공연을 하게 되었습니다. 그것도 브로드웨이의 대표적인 가족 극장인 '뉴 빅토리 극장'에서 정식으로 초청하면서 상당한 출연료를 제시했어요.

"쿠킨(난타)은 어른과 어린이가 모두 함께 즐길 수 있는 보기 드문 작품입니다."

뉴 빅토리 극장의 관계자는 나이, 언어, 문화 등에 상관없이 모든 사람들이 신나게 볼 수 있는 〈난타〉를 아주 우수한 작품이라고 평가했습니다. 그래서인지 좀처럼 장기 공연을 하지 않는 뉴 빅토리 극장에서 〈난타〉는 한 달이나 공연을 할 수 있었어요.

한국 공연이 브로드웨이에 최초로 진출한 일일 뿐만 아니라 아시아 공연 중에서도 최초의 일이었어요.

그런데 연극이나 공연을 하는 사람에게 브로드웨이란 어떤 의미예요?

글쎄. 축구로 비유를 하면 이해가 될까? 축구선수가 태어나서 한 번쯤 서 보고 싶은 무대가 어디일까?

아마도 월드컵이겠죠? 세계 최고의 팀들이 다 모이는 곳이니까요.

브로드웨이는 공연의 월드컵 본선 무대 정도라고 생각하면 될 거야. 세계 최고의 공연이 모두 모이는 곳, 그곳이

바로 브로드웨이니까 말이야.

 그렇게 생각하니까 정말 대단한데요. 아저씨도 대단하고 한국의 공연도 대단하고요.

꿈은 멈추지 않는다

나는 진정한 〈난타〉의 성공 신화는 지금까지가 아니라 이제부터라고 확신했습니다. 그리고 그런 성공 신화를 이어나갈 방법으로 내가 정말 하고 싶었던 일 중의 하나는 365일 단 하루도 쉬지 않고 〈난타〉가 공연되는 '〈난타〉 전용관'을 세우는 일이었습니다.

사실 외국에 나가 관광을 하다 보면 각 나라를 대표하는 공연 하나쯤은 있기 마련입니다. 따라서 관광객은 자연스럽게 그 나라의 문화도 익힐 겸 대표적인 공연만큼은 빼놓지 않고 꼭 챙겨 보죠.

하지만 안타깝게도 당시까지 우리나라를 상징하는 공연은 아직 없었어요. 우리나라를 찾는 관광객이 볼 수 있는 공연은 기껏해야 한국의 정신이 담겨 있지 않은 외국 공연물 정도뿐이었습니다. 그래서 이번 기회를 계기로 〈난타〉를 우리나라의 대표 문화 공연으로 만들겠다고 결심한 것이죠.

"우리나라에 365일 〈난타〉만 공연하는 전용 극장이 생긴다면 어떨까?"

"제정신이야? 벌써 많은 사람들이 〈난타〉를 보았어! 일 년 내내 〈난타〉만 공연하다가는 파리만 날릴걸!"

"가까운 일본에는 가부키라는 공연이 있어. 또 중국에는 서커스 공연으로 유명한 전통 기예단과 경극이 있어. 그런데 우리나라에는 도대체 무슨 공연이 있지?"

"……."

나는 사람들에게 뚜렷한 볼거리가 없는 우리나라 공연 문화의 현실을 설명했습니다. 그러자 처음에는 나의 말에 코웃음을 쳤던 사람들도 점점 귀를 기울이기 시작했습니다.

2000년, 드디어 〈난타〉 전용관이 서울에 생겨났습니다. 지금은 〈난타〉 이외에도 여러 가지 전용관이 있지만 당시에는 정말 도전적인 일이었어요. 하지만 그 도전은 보기 좋게 들어맞았고 난타 전용관은 대성공을 거두었죠.

"왜 공연장에 안 들어가고 밖에 있는 거야?"

"저는 벌써 스무 번도 넘게 봤어요. 무슨 장단으로 야채를 썰어야 하는지 외울 정도라니까요."

어느 날 나는 〈난타〉 전용관 앞에서 아는 후배를 만났습니다. 그런데 그 후배는 〈난타〉를 보지 않고 밖에서 서성이고 있었어요. 그 이유를 물어보자 외국에서 손님이 올 때마다 항상 〈난타〉를 보았기 때문에 이제 자기가 무대에 나가서 연기해도 될 정도로 내용을 줄줄 외우고 있다고 했습니다. 나는 아무리 재미가 있어도 같은 내용을 두세 번 이상 보거나 듣는 것이 지루하다는 것을 잘 알기 때문에 후배의 마음이 이해되었습니다. 그리고 한편으로는 〈난타〉의 인기가 그만큼 많다는 것을 뜻하는 것이기 때문에 기분이 좋았습니다.

"〈난타〉가 생겨서 너무 다행이에요. 예전에는 관광객들에게 보여드릴 만한 공연이 없어서 곤란했거든요."

"사업 때문에 한국을 방문한 외국인 손님이 〈난타〉를 보시고 즐거워하셔서 일이 더욱 잘 끝났어요. 이런 좋은 공연을 만들어 주셔서 감사합니다."

〈난타〉 전용관이 생기고 나서 외국인들을 상대로 사업을 하는 기업이나 관광 회사 등에서 우리에게 제일 많은 고마움을 표시했습니다.

〈난타〉는 한국을 찾은 외국인들에게 한국의 문화를 생생하게 느끼게 해주는 놀라운 선물이었어요. 나중에는 〈난타〉를 보고 돌아간 사람들의 입소문 때문인지 일부러 〈난타〉만 보기 위해서 한국을 찾는 관광객까지 생겨났습니다.

이렇게 〈난타〉는 365일 두드림을 멈추지 않으며 우리나라의 대표적인 문화 공연으로 자리를 잡아갔습니다. 가장 한국적이며 가장 세계적인 공연을 만들겠다는 꿈이 현실로 이루어진 것이죠.

아저씨의 이야기를 들으니 문화 홍보 전문가가 되어야겠다는 생각이 더욱 확실해졌어요.

문화를 홍보하는 일은 우리나라를 홍보하는 일이고, 결국

애국하는 일이 되는 거야.

 게다가 저에게 부족한 창의력을 어떻게 키워야 할지도 알았으니, 어떤 일이라도 잘할 수 있을 것 같아요.

 그래, 앞으로 미래는 창의력이 넘치는 바다와 같은 어린이들이 이끌어 가는 거야.

 창의력이 넘친다고 하시니 기분 좋은데요?

 이 세상 모든 어린이들은 창의력이 넘친단다. 그 창의력을 다듬고 키우면 누구나 무엇이라도 될 수 있지. 미래는 창의력의 시대니까. 그러면 같이 한 번 외쳐볼까?

 미래는 창의력의 시대다!

맺음말

미래의 창의력 대장을 찾아라

"어떻게 하면 송승환 아저씨처럼 훌륭한 문화 CEO가 될 수 있어요?"

"마음껏 놀면 된단다."

가끔 나에게 좋은 문화 CEO가 되는 방법을 묻는 어린이들이 있습니다. 그러면 나는 마음껏 놀라고 말합니다. 하지만 한 가지 중요한 조건이 있는데, 마음껏 놀되 자신이 진정으로 좋아하는 일을 찾아서 놀아야 한다는 점입니다.

자신이 좋아하는 일에 열중하면 고정관념이나 세상의 기준을 뛰어넘는 진정한 창의성이 나옵니다. 좋아하는 것에 관심을 가지다 보면 자연히 무엇인가 부족한 것을 고치고 싶고, 나만의 방식으로 색다르게 바꾸고 싶어지기 때문이에요.

내가 지금까지 우리나라에 소개되었던 공연과 조금은 다른 공연인 〈난타〉를 만들 수 있었던 것도 공연 제작을 진정으로 좋아했기 때문입니다.

사실 문화 CEO란 굉장히 즐거운 직업이에요. 우리 주변에 널려 있는 문화를 갈고 닦아서 새로운 생각으로 사람들을 이끄는 직업이기 때문이죠.

〈난타〉를 예로 든다면, 〈난타〉라는 박력 넘치는 공연 문화 덕분에 많은 외국인들이 한국에 대한 기존의 생각을 바꿀 수 있었습니다. 조용한 아침의 나라라는, 조금은 정적인 문화를 가진 나라에서 폭발적인 에너지와 힘을 가진 대한민국으로 이미지가 바뀐 것입니다.

또, 문화 CEO는 사라져 가는 옛 문화를 현대사회에 맞는 가치로 재창조해 낼 수도 있습니다.

이것 〈역시〉 난타를 예로 든다면, 〈난타〉 열풍으로 우리나라에서는 풍물놀이 대한 관심이 높아지게 되었습니다. 그래서 기존의 전통 사물놀이에서 한 단계 발전된 현대적인 풍물놀이가 새롭게 만들어졌습니다. 잊혀져 가던 우리의 전통문화가 다시 한 번 발전할 수 있는 창조적인 도약의 기회를 갖게 된 것이죠.

　미래의 문화 CEO를 꿈꾸는 어린이들을 위해서 내가 가장 신경을 쓰는 점은 좋은 어린이 공연물을 만드는 일입니다. 그리고 이런 꿈을 가지고 있는 어린이들에게 내가 당부하고 싶은 말은 되도록이면 많은 공연을 보라는 것입니다. 공연을 많이 봐야 어떤 것이 좋은지 나쁜지 알게 되고 그것을 바탕으로 멋진 공연을 만들어 낼 수 있기 때문입니다.

　앞으로 나는 대성공을 거둔 〈난타〉를 넘어서는 또 다른 세계적인 공연을 만들어야겠다고 생각했습니다. 하지만 혹시라도 내가 그런 위대한 공연을 만들지 못한다면 이 땅에서 자라나고 있는 어린이들이 그 꿈을 이루어 주면 좋겠습니다.

어린이에게 꿈과 희망 그리고 상상력을 선사하는 멋진 공연의 세계로 초대 합니다.

송승환이 선사하는
어린이를 위한 공연들!

뮤지컬 〈어린이 난타〉

10년간 100만 명이 선택한 최고의 어린이 뮤지컬. 4명의 착한 요리사와 재주꾼 마법사들이 신나는 노래와 마법으로 친구들을 위해 맛있고 신기한 음식을 만듭니다. 마법의 봉 끝에서 펼쳐지는 환상의 요리나라를 함께 만나세요.

명작동화 뮤지컬 〈호두까기 인형〉

모두가 잠든 깜깜한 밤이면 깨어나는 인형들만의 세상. 금세기 최고의 세계 어린이 베스트셀러 명작동화 호두까기 인형이 멋진 어린이 뮤지컬로 탄생했습니다. 용감무쌍한 호두까기 인형을 만나러 오세요.

피엠씨 대표 뮤지컬 〈어린이난타〉
50% 할인쿠폰

- 기간: 2011년 12월 17일 ~ 2012년 2월 5일
- 장소: 양재동 서울교육문화회관 대극장
- 가격: 프리미엄석 55,000원 / VIP석 50,000원 / S석 40,000원

예매처: R티켓(Rticket.co.kr / 02-738-8289), 인터파크 티켓(1544-1555)
위 예매처에서 [할인쿠폰 소지자]로 사전예매시 할인적용
(본 쿠폰 1매당 4인까지)
관람당일 본 쿠폰 미지참시 차액 지불 / 중복 할인적용 불가

명작동화 뮤지컬 〈호두까기 인형〉
50% 할인쿠폰

- 기간: 2011년 12월 17일 ~ 2012년 2월 12일
- 장소: 성신여대 운정그린캠퍼스 대극장(4호선미아역)
- 가격: 호두까기석 55,000원 / VIP석 50,000원 / S석 40,000원

예매처: R티켓(Rticket.co.kr / 02-738-8289), 인터파크 티켓(1544-1555)
위 예매처에서 [할인쿠폰 소지자]로 사전예매시 할인적용
(본 쿠폰 1매당 4인까지)
관람당일 본 쿠폰 미지참시 차액 지불 / 중복 할인적용 불가

어린이 뮤지컬 〈피노키오〉

제페트 할아버지가 만든 나무 인형 피노키오. 거짓말을 하면 코가 늘어나는 피오키오는 모든 모험을 거치고 사람이 될 수 있을까? 국내 최고의 어린이 공연팀이 만든 뮤지컬 피노키오의 세계로 놀러오세요.

어린이 뮤지컬 〈가루야 가루야〉

이영란의 감성 뮤지컬. 가루아이의 꿈속에서 이야기는 출발합니다. 끝이 보이지 않는 깊이와 고요가 흐르고 가루는 점점 꿈속으로 들어갑니다. 30만 관객에게 꾸준히 사랑받아 온 체험놀이 '가루야 가루야'의 공연 버전!

명작동화 뮤지컬 〈피노키오〉
50% 할인쿠폰

- 기간: 2011년 3월 19일 ~ OPEN RUN
- 장소: 역삼동 예림당아트홀
- 가격: VIP석 50,000원 / S석 40,000원 / 2층석 15,000원

예매처: R티켓(Rticket.co.kr / 02-738-8289), 인터파크 티켓(1544-1555)
위 예매처에서 [할인쿠폰 소지자]로 사전예매시 할인적용 (본 쿠폰 1매당 4인까지)
관람당일 본 쿠폰 미지참시 차액 지불 / 중복 할인적용 불가

감성체험 밀가루 뮤지컬 〈가루야 가루야〉
1만 원 이용권

- 기간: 2011년 7월 10일 ~ OPEN RUN
- 장소: 대학로 PMC소극장(4호선 혜화역)
- 가격: 균일가 19,000원

예매처: R티켓(Rticket.co.kr / 02-738-8289), 인터파크 티켓(1544-1555)
위 예매처에서 [할인쿠폰 소지자]로 사전예매시 할인적용 (본 쿠폰 1매당 4인까지)
관람당일 본 쿠폰 미지참시 차액 지불 / 중복 할인적용 불가